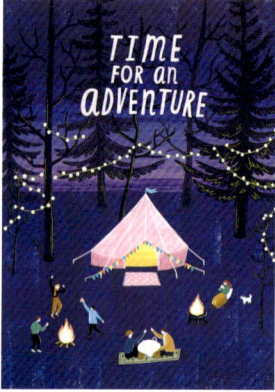

On an ordinary summer's afternoon, Alice tumbles down a hole and an extraordinary adventure begins. In a strange world with even stranger characters, she meets a grinning cat and a rabbit with a pocket watch, joins a mad tea party, and plays croquet with the Queen. Lost in this fantasy land, Alice finds herself growing more and more curious by the minute.

Experience her adventures with her in this strange world full of fun and mystery.

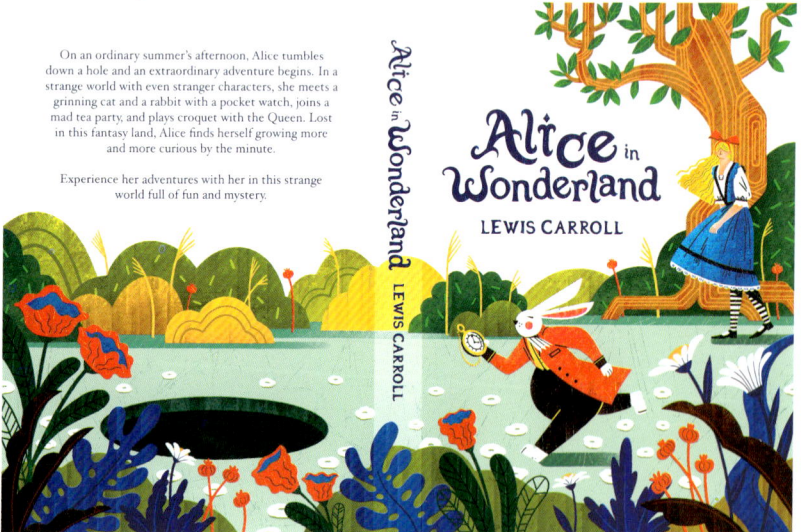

Alice in Wonderland

LEWIS CARROLL

Alice in Wonderland

LEWIS CARROLL

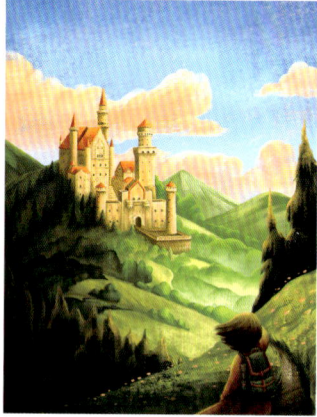

孩子，活成你喜欢的样子

戈 峻◎著

北京日报出版社

图书在版编目（CIP）数据

孩子，活成你喜欢的样子 / 戈峻著 . -- 北京 : 北
京日报出版社 , 2023.9
ISBN 978-7-5477-4542-7

Ⅰ . ①孩… Ⅱ . ①戈… Ⅲ . ①家庭教育 Ⅳ . ① G78

中国国家版本馆 CIP 数据核字 (2023) 第 007057 号

孩子，活成你喜欢的样子

出版发行：北京日报出版社
地　　址：北京市东城区东单三条 8-16 号东方广场东配楼四层
邮　　编：100005
电　　话：发行部：（010）65255876
　　　　　　总编室：（010）65252135
印　　刷：香河县宏润印刷有限公司
经　　销：各地新华书店
版　　次：2023 年 9 月第 1 版
　　　　　　2023 年 9 月第 1 次印刷
开　　本：880 毫米 × 1230 毫米　1/32
印　　张：7.375
字　　数：150 千字
定　　价：78.00 元

给孩子最好的礼物

我写这本书送给女儿。

我们的女儿叫戈凯汝，出生于中国香港并在那里读了幼儿园，学前班时转至加拿大温哥华，4 年级时搬迁到了上海，就读于西华国际学校，高中考取了上海美国学校，大学被美国最大的艺术学院萨凡纳艺术与设计学院（Savannah College of Art and Design）录取，学习插画专业。

身为父母，看着女儿一天天长大，是一个非常愉快的过程，转眼间，女儿已经大学毕业了，20 多个春夏秋冬，弹指一挥间，往事仿佛就在昨天，一幅幅画面呈现，历历在目。

20 多年来，我们每天都在为生活和工作而忙碌，几乎没有时间来细细体会亲子时光；而这段时间是我事业最关键的阶段，为此我几乎投入了全部的精力。这个阶段，我太太义无反顾地承担起了照顾女儿的任务，每天都有干不完的家务活。当然，忙碌之中，她也会给我讲述每天和女儿在一起时经历的点点滴滴和感悟。对此，我对我的太太既感谢又愧疚，感谢的是她对我的支持，愧疚的是我陪伴她和孩子的时间少之又少。

在陪伴女儿成长的过程中，我们的心情每天都不同，有陶醉有喜乐，有享受有焦虑。20多年匆匆而过，我们感受着孩子每天的成长过程，并乐此不疲地把她的生活点滴记录下来。

当然，我们做这些的目的，不仅是想等到自己老了、孩子长大后，我们可以一起读读这些内容，回忆一下以往发生的事情。更重要的是，在女儿成年后提醒她不要忘记了小时候生活中所经历过的点点滴滴。因为恰恰是这些生活中的小事，才是人生成长历程中最值得留恋的地方，我们希望孩子永远记得。

女儿出生后，我们就开始记录她生活、学习和成长的小片段。现在信息技术发达，由此我们感到遗憾，女儿小的时候还没有智能手机，录像机也不太先进，像素很低、体积大，使用起来也很麻烦。现在的年轻父母，每人手里几乎都有一部智能手机，随时随地都能将孩子的生活片段拍录下来。

给女儿拍照是重要的时刻，画面永远不会重复。我们明白，错过了那一刻，就不会再回来，只会留下遗憾，因此对于拍照，我们都非常认真！

女儿出生时，我们并没有写书的想法。我们夫妻二人的性格和兴趣相投，在很多生活细节上我们都非常有默契，能够步调一致地做某件事。比如，女儿出生后，只要是跟她有关的东西，有纪念意义的东西，我们都尽可能地保留下来，包括她的胎发、乳牙、玩具、证件、用过的碗筷杯子、上幼儿园的记录等，如今已经装了满满一大箱，偶尔拿出来翻看，都能带来美美的回忆。

如今，我们有一些年纪了，有了更多的生活阅历，也有了更多的人生沉淀，同时，也喜欢上了回忆。而女儿才 20 岁出头，未来要走的路还很长，需要面对的事情也很多，可能要到了我们这个年龄，才会慢慢沉淀下来，才能有空停下来品味人生的意义。

被收藏起来的这些东西，在其他人眼中，可能只是废品，但在我们眼里，全都是无价珍宝。我们想等到在孩子的某个人生节点的那一天，将这些照片、视频和藏品展示给她，交付给她，让她了解她自己的成长过程、她小时候的样子、以往的生活片段，唤起她对美好的期望。

在戈凯汝即将踏入社会之际，我们想将这本书作为礼物赠送给她。

在我们心里，这个礼物不能用金钱来衡量，但确实弥足珍贵！

而且，书中还包含了一些艺术作品，它们都是女儿在成长过程中所作所绘，20 年间我们不断搜集、整理，并把它们保存下来。每件作品都能映射戈凯汝的人生和艺术发展足迹，体现她对生活的热爱和对艺术的追求。

在本书的筹备、编辑和出版过程中，很多老师、同学、朋友以及我的家人都提供了无私的帮助。在此，我要向长期以来对戈凯汝成长给予无微不至的关怀和鼓励的老师、同学、朋友和家人表示真挚的感谢！同时，我们也希望这本书能传递给女儿更多的正能量和关爱，助力她将21岁之后的人生演绎得更加精彩。在孩子接下来的成长历程中，我们还会继续记录下去，即使慢慢老去，也不改初心。

写这本书，不是因为孩子成长和发展得如何优秀，而是我们希望通过记录戈凯汝的成长历程，展现父母养育子女的经历，和更多的人分享孩子成长过程中发生的各类趣事或作为父母会面临的各种挑战，分享我们的育儿感悟，让即将为人父母的读者从中获得一些启发和感悟，让正在快速成长的年轻人更加珍惜和父母、家人在一起的美好时光。

从自己有了女儿，呵护着她从嗷嗷待哺的婴儿渐渐长成能独立思考的小人儿，望着她那小小的、因摆脱我的手，而蹒跚前行的背影，身为老父亲的我，会忍不住遐想联翩，她长大后会是什么样的呢？会走向什么样的未来？

凯汝是我女儿的表姐，也是她成长的榜样。同为父亲，兄长戈峻这本充满温柔父爱的书，也给了我一个可供参照的答案：让孩子去活成自己喜欢的样子。人生，说到底，是每个人的一场自我成就，人必须自己塑造自己。为人父母者，不过就是陪着孩子长大，在不远处陪着一起走，看着他们勇敢地去奔赴自己的理想国，就像我们自己曾经年少时一样，激情满怀，风雨兼程！

---

① 马良，1972 年生于上海。中国当代艺术家、观念摄影师、导演、作家。

孩子们，加油！去成为更好的自己，去天高地阔处，觅一场我们父母此时此地甚至将来也无法想象的，更辽远、更奇妙的人生！

2023 年 7 月 4 日

目录

1

第三部分　2009—2014年 上海　4~8年级

第四部分　2014—2018年 上海　9~12年级（高中毕业）

第五部分　2018—2022年 美国、上海　大学

后　记

第一部分
2000—2006年 香港
出生~幼儿园毕业

楼下邻居的投诉
——24小时围着孩子转的太太

怀孕的时候，胎儿在妈妈的肚子里。出生后，宝宝离开母体来到外面的世界，但宝宝为了获得安全感，仍然喜欢依偎在妈妈怀里，双方建立起温馨的亲子关系。

2000年8月29日上午9点04分，女儿在香港玛丽医院（Queens Mary Hospital）私家产房出生了。对我来说，这是一个大日子，看着襁褓中的宝宝，她也正用亮晶晶的眼睛看着我，脸上似乎有笑意，就这样，我们第一眼就对上了；太太也说宝宝看着她笑了，我们都非常开心。为了照顾好这个小天使，我们进入了忙碌状态：为了给她起个好名字，我特意在香港的本店中文书店买了一本厚厚的姓名学书籍认真学习研究。我还心血来潮，买来了多年没碰过的笔墨纸砚，作书法"凯汝喜临"一幅纪念女儿的出生。"凯汝"这个名

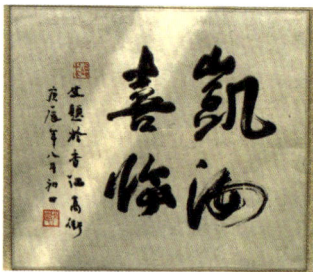

字很有讲究，除了繁体字的笔画总数有讲究，根据姓名学，还要和宝宝出生时的时间等因素相匹配，名字里体现了山和水。我们还给宝宝取了个英文名，叫 Karen 。Karen 这个词来源于希腊语，意为纯洁（pure），法语中 pure 也有洁净的意思。

因为家里老人不方便来香港照顾，我们聘请了一名泰国女佣居家帮忙。太太和女佣做了分工，女佣主要负责家务，太太专门照顾孩子。

我当时在英特尔工作，正好赶上英特尔准备在内地大规模开发和扩展市场，我是公司在亚太区的核心员工，平时很忙，出差更是家常便饭，几乎每周都要在香港和内地间飞来飞去，基本上就没时间照顾孩子。我太太表示理解并支持，没有任何怨言。

生活按部就班，照顾孩子的工作烦琐而辛苦，太太每天都重复着几件事：喂饭、哄睡、洗澡、玩耍、换尿布……虽然一个人承担这些非常劳累，压力也大，但她默默地付出着。我到现在还感到惭愧的是，那些年里，我没给孩子喂过一顿饭，没有陪她睡过一个晚上，更没有给她换过一次尿布。

有一件事让我至今印象深刻。

一天，楼下的邻居上楼找到我们大声投诉说："你们家的用人整天都在房间里走来走去，几乎 24 小时不停歇，我们住在你们楼下，每天都能听到拖鞋走路的声音。你跟你家用人说一下，让她换一双软底拖鞋，否则我们每天都听到这种声音，实在受不了了。"

太太听后马上向邻居道歉，并且坦承，其实来回走动的不是用人，而是她自己。因为孩子刚出生不久，要做的事情太多，为了赶时间，她只能在屋里跑来跑去。走路快，脚步重，导致影响到了楼下住户。

从那以后，太太非常注意，不让鞋子发出声音，邻居也再没有投诉过。

还有一件事也让我一直难忘。

女儿出生后，太太制定了一套严格的卫生制度。按照制度，她每天都要清洁很多宝宝的换洗用品、衣物等，为宝宝创造一个健康的生活环境。按照社区健康院的管理制度，她还要定期带着女儿去做检查，测试孩子的健康指数，遵照医生的指导，科学照顾孩子。让太太欣慰的是，每次检查，医生都会对宝宝的健康状况以及太太的看护质量给予高度评价。孩子出生在夏天，天气炎热又潮湿，但太太发现自己的手居然开裂了，这让她意识到自己洗东西的次数实在是太多了。

虽然很忙碌，但太太依然很开心。太太和我说，自己还很年轻，干再多的活，也不觉得疲劳。而且她知道，宝宝出生后，要经历一个"绝对依赖→依赖程度减轻→平稳发展→完全独立探索"的过程。随着宝宝渐渐长大，就会具备一定的独立性，但独立性培养的过程需要用爱来浇灌。

宝宝刚出生时，容易受到环境的影响，继而形成经验。然后，这些经验会在记忆系统里累积起来，形成他们对这个世界的价值观。成长中的经历影响着孩子，要么让他们变得很自信，要么很自卑……如果孩子所处环境存在一定的缺陷，特别是缺少爱的浇灌，那么就会对孩子的未来产生重大的影响。

太太学习研究了很久，得出不少"育儿理论"。她认为，宝宝对妈妈的依赖有3种形态：

1. 安全依附型。妈妈离开时，宝宝会哭泣；妈妈回来后，宝宝快速扑向妈妈，从妈妈的拥抱中得到安抚，然后继续对周围的环境进行探索。

2. 焦虑依附型。妈妈离开时，宝宝会产生强烈的分离焦虑；妈妈回来后，宝宝虽然要求拥抱，但也会对妈妈拳打脚踢，甚至用嘴咬妈妈。

3. 逃避依附型。妈妈离开时，宝宝四处张望寻找；妈妈回来后，想抱抱宝宝，宝宝却毫无反应，甚至逃避，装作看不见。

第一种是安全依附型，后两种则属于不安全依附型。太太特意告诉我，安全依附型的孩子长大后，通常都有着较强的好奇心和自信心，有利于未来成就的取得。

太太还告诉我一个"母性照顾"的概念，就是孩子刚出生时必须和妈妈在一起，由妈妈亲自照顾。生完宝宝之后，不少妈妈考虑到自己的身体或工作，会选择休息或上班，让其他人来照顾孩子。比如，给孩子喂奶、哄孩子睡觉等。这样做，虽然可以让妈妈们不太劳累也兼顾了工作，但并不利于宝宝建立安全感。因此，为了宝宝的心理健康，在宝宝刚出生时，妈妈最好亲自照顾，如果必须上班，也要做好平衡，尽量多和宝宝在一起。

我对太太的宏论感到惊讶，也对她深沉的母爱心存感动。

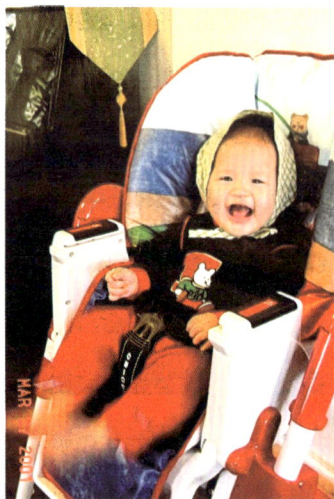

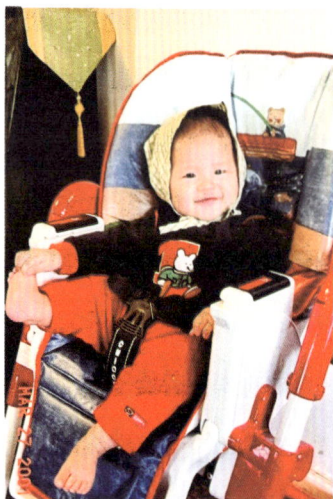

抓周
——跟孩子互动也很有意思

生活如水，时间如梭，戈凯汝很快就1周岁了。此时的她还不会正常走路，跌跌撞撞，很容易摔跤，需要大人时刻关注。但她的牙牙学语以及对事物认知的反应，给家庭带来了很多快乐和笑声。

戈凯汝1周岁生日这天，我们请了一些朋友到家里庆祝，大家都为戈凯汝送上了衷心的祝福。在这个生日派对上，我们安排了一个中国传统节目——抓周，即在戈凯汝面前摆放很多物品，让她选择自己最喜爱的一个。据说，孩子选择什么物品，就可以判断出未来她会从事和所抓物品相关的职业。

戈凯汝虽然只有1周岁，但令人惊讶的是，她没被面前眼花缭乱的东西所吸引，径直拿起一支红色的笔，紧抓在手里不放。这让我们很惊讶，也有一些不理解。为什么那么多的物件，戈凯汝只抓着一支笔不放？很多年过去，亲历了戈凯汝的成长过程，我们才领悟到，戈凯汝当初的选择，似乎就意味着天赋吧！

抓周的习俗其实在很多地方都有。在宝宝满 1 周岁的时候抓周，既渲染了热闹的气氛，又寄托了家人对孩子的一种美好希望。为此，我们还特意搜集了一些资料，来了解什么是抓周。

抓周，又叫"试周""试儿""周"或"试"，是民间的一种习俗，最早出现于南北朝时期的江南地区，唐宋时期在全国逐渐盛行。当今社会，盼望孩子成才心切的父母，又给抓周赋予了不少新的含义和期许。孩子满 1 周岁，父母一般都会给孩子举行这个仪式，具体过程是：父母将一些物品摆放在孩子面前，让孩子任意抓取，并根据最先抓到的物品来预测孩子将来可能的前途和兴趣。每种物品都会被赋予不同的含义：

毛笔——可能会从事文学方面的工作；

尺子——可能会从事法律方面的工作；

计算器——可能会成为生意人；

麦克风——可能会从事音乐媒体工作；

银行卡——可能会比较富有；

水彩笔——可能会从事艺术类的工作；

球类——可能会成为体育健将；

护肤品 / 化妆品——可能会比较爱美或从事与此有关的工作；

键盘——可能会成为一位信息技术工作者；

棉签——可能会成为一位"白衣天使"；

积木宝宝——可能会从事建筑、设计行业等工作；

印章——可能会做官；

零食——可能是个美食家；

锅铲——可能会成为厨师；

玩具——可能比较贪玩。

抓周时所需的物品，人们一般会根据宝宝的性别来摆放。当然，有些地方还会放一些跟自己家乡或民族有关的特殊物品。

宝宝抓周一般分为在地上和在桌上两种。

一种是在地上抓周。

首先，爷爷奶奶在地上摆放好物品，物品间的间隔要均匀，摆成一个圆圈状。

其次，父母把宝宝放在所有物品的中间，等待宝宝去选择。宝宝可抓取多件物品，哪件物品留在手里时间最久，宝宝未来就可能从事与之相关的工作。

另一种是在桌子上进行。

首先，在客厅中间摆放一张四方大桌，桌子上放上大簸箕或圆形竹扁，将抓周的物品环形摆放一圈。

其次，将宝宝放进簸箕或竹扁中。然后，家人（父母、祖父母或外祖父母）围绕着孩子，说几句吉祥的话，然后宝宝就可以抓周了。

这种互动虽然不高端时髦，甚至会被新潮人士取笑，但中华民族 5000 年的文化传承，也不是完全没有道理。我认为，抓周可能对孩子未来的发展造成影响，即使排除一些神秘因素，至少在心理暗示方面会有作用。比如，孩子抓到一支笔，父母可能会觉得孩子长大后会成为文人或大家。在之后的日子里，父母就会有意识地往这方面培养孩子。等孩子懂事后，也会不断提醒孩子：你长大后有可能会成为文人。孩子得到肯定和鼓励，也会向那个方向努力。等孩子长大之后，可能真的就成了一个有学问的人。

当然，这里的科学依据还有待研究，但抓周本质上是一个为宝宝送上美好祝福的仪式，为宝宝周岁助兴。但无论怎样，宝宝未来的职业还是需要通过科学方法进行教育和培养的。

宝宝听音乐
——让宝宝听音乐好处多

听，是宝宝探索世界的重要途径，经常听音乐，不仅能让宝宝得到情感和艺术的熏陶，还能提升他们的认知能力、语言能力和思维能力。当宝宝还在妈妈肚子里的时候，就已经具备了一定的听觉能力，相对于其他感官系统，宝宝出生时的听觉神经系统已经发展得比较成熟。

怀孕期间，医生告诉我们，胎儿在妈妈的肚子里就可以听一些音乐。我们遵照医生的指引，购买了很多磁带和光碟；然后按照医生的建议定时播放给胎儿听。说实在的，当时我们虽然这样做了，但也不太相信真能奏效。不过想到对宝宝并没有坏处，我们就照做了。然而戈凯汝出生后的种种表现告诉我们，医生的建议是正确的，我们的做法当然也是正确的。

戈凯汝出生后不久，我太太又播放这些音乐给她听，她确实产生了共鸣。只要音乐响起，戈凯汝就会慢慢静下来，将头依靠在我太太的肩上，看起来非常享受音乐带来的美妙感觉。

这件事让我们明白，胎儿在母体中时就会跟妈妈和周围环境产生互动。因此，对孩子的关爱不能在孩子出生后才开始，在胎儿时期就要未雨绸缪，父母就应该主动跟宝宝互动。这个过程很有意义，对于怀孕期的妈妈也是一件很有裨益的事情。

我们一家人都比较喜欢音乐，戈凯汝出生后，音乐更是充满了整个家庭，有时是古典的，有时是现代的，有时是钢琴曲，有时是弦乐。我们每天都会给戈凯汝播放她喜欢听的音乐，或者打开电视中的音乐频道，或者用录音机播放磁带，或者用 CD 播放光碟。戈凯汝非常喜欢跟着节奏哼唱或舞动，每次都很投入。一个小可爱，穿着尿不湿或赤着脚，在电视机前手舞足蹈的样子深深地刻画在我们的记忆中。虽然那时候的录像机和照相机都不如现在的手机方便，但我们依然给戈凯汝拍了很多照片。如今闲暇之余拿出来翻看，她那时天真无暇的样子，总能让我们感受到生命的宝贵和美好。而这些早期的音乐熏陶和教育，也奠定了戈凯汝后来钢琴考级拿到加拿大皇家音乐学院 10 级证书的乐感基础。

这段育儿经历，让我认识到音乐对宝宝成长的重要性。确实，声音能刺激宝宝的大脑发育，而音乐又是人世间可以创造出的最美妙的声音，能够让宝宝感受到世界的奇妙，并随之进行互动，在潜移默化中提高他们的艺术素养。因此，父母一定要重视音乐的作用。我经过研究，总结出音乐对宝宝有以下几大妙处：

1. 使宝宝变得更聪明。宝宝出生后，多听些乐曲，可以开发智力。研究发现，经常听音乐的孩子，比一般的孩子活泼，动作协调性也更好，就连眼神都与其他孩子有区别。因为音乐可以刺激宝宝的神经，助力宝宝健康地成长。

2. 养成良好的作息时间。利用音乐的力量，还可以规范宝宝的作息时间。比如，每天晚上睡觉前播放一段优美的乐曲哄宝宝入睡，时间长了，宝宝就会养成习惯，只要一听到音乐，就知道要准备睡觉了。为了让宝宝对某段音乐产生记忆，可以循环播放同一首曲目。

3. 锻炼记忆力。音乐能刺激宝宝大脑的发育，锻炼宝宝的记忆力和感受力；增强宝宝的空间感和时间感；提高宝宝的语言能力、数理能力和逻辑能力。

4. 培养想象力。人的大脑分为左脑和右脑，左脑主导逻辑，右脑主导人的想象力、创造力和灵感。常听音乐，宝宝的右脑就会受到刺激，促进想象力的发展。

5. 暂时照顾宝宝。如果妈妈有事需要暂时离开，可以播放一段宝宝喜欢的音乐，让其自娱自乐，避免宝宝对妈妈的依恋。因为宝宝听到自己喜欢的音乐，往往会兴奋起来，嘴巴会哼哼唧唧说个不停，四肢还会不停地摆动，跟着节奏"跳舞"。

6. 平复宝宝的情绪。宝宝哭闹时，播放一段旋律优美的曲子，就能使他们的情绪逐渐平复下来。

7. 培养手脑协调能力。在听音乐时，宝宝往往会做出反应，肢体跟随音乐灵巧地活动，无形中锻炼了宝宝的手脑协调能力。

医用棉花
——给宝宝最好的照顾

十月怀胎，一朝分娩，面对一个娇嫩的小生命，初为人父人母的我们，既开心又忐忑，既欣喜又慌乱，担心自己缺少照顾婴儿的经验而不小心弄伤了她。

我们知道，刚出生的新生儿身体各方面都还没有发育完善，非常娇嫩，稍不注意，就有可能伤到孩子，酿成大错。

香港医生对父母照顾孩子的要求非常严格。比如，清洗宝宝的面部和身体敏感部位时，要使用脱脂的医用棉花，且要剪成小方块，只能使用一次，不能反复使用；给孩子洗脸、擦身体时，要用开水……我们都是新手，没有任何经验，只能严格按照医生交代的方法去做。不过，皇天不负有心人，取得的效果真的不错：戈凯汝在 1 岁之前没生过病。很多朋友都认为这是个不可思议的奇迹，我们也对自己的表现感到骄傲。

同时，我们也格外注意戈凯汝的饮食。在戈凯汝 6 个月前，完全以母乳或配方奶为食物；6 个月至 18 个月为辅食期；辅食后期，辅食吃三餐，跟大人三餐时间保持一致。18个月后辅食期就结束了，开始以普通食物营养为主，必要时喝奶辅助。我们严格按照年龄段孩子的饮食标准来培养戈凯汝的饮食习惯，直到她慢慢适应。在这个过程中，我们通过不断实践和学习，也总结出了一些可以分享的经验：

1. 多吃馒头，少吃面包。面包的色香味比较好，但它是烘烤出来的，面粉中的赖氨酸会在高温中发生分解。而用蒸气蒸出来的馒头中的赖氨酸就不会被分解，因而蛋白质含量高。所以，从对孩子的营养价值来看，吃馒头比吃面包好。

2. 鲜鱼与豆腐可以一起吃。鱼体内含有丰富的维生素D，豆腐含有较多的钙。单吃豆腐，钙无法充分吸收，而与鱼一起食用，借助鱼体内丰富的维生素D，就能让孩子对钙的吸收提高20倍。

3. 正餐前不饮纯果汁。果汁虽然容易吸收，营养丰富，但正餐前40分钟，我们从来都不让戈凯汝饮用。因为正餐之前让孩子饮果汁，正餐时孩子就吃不了多少主食，从而就会减少他们对不同营养的摄取。

4. 早餐一定要吃好。一日之计在于晨，早餐的好坏关系到宝宝的生长发育，早餐吃不好，宝宝用脑时就会产生保护性抑制。比如，反应迟钝、精力不足等，甚至还会出现低血糖。因此，每天早上我们都会给宝宝做美味的早餐，在全日总量摄入中，早餐占 30%，午餐占 40%，晚餐占 30%。

5. 饮食要酸碱平衡。食物分酸性和碱性两类。鱼、肉、禽、蛋、米、面为酸性，蔬菜、水果、豆制品为碱性。人体内有一个自动调节酸碱的平衡系统，只要饮食多样化，合理搭配五谷杂粮，就能保持酸碱平衡。

6. 注意吃鸡蛋的禁忌。让孩子吃鸡蛋时，我们会注意这几个问题：不能生吃，因为蛋清中的一种蛋白质同蛋黄中的铁结合起来，就会阻止铁的吸收；不能多吃，否则消化不掉的蛋白质和肠道细菌作用会导致腐败，继而生成对宝宝有害的物质。

7. 不让宝宝吃汤泡饭。将汤和饭混在一起吃，宝宝不用嚼烂，就同汤水一起咽进胃里。舌头上的神经没受到充分刺激，食物不能很好地被消化吸收，日子长了，宝宝就会变瘦，也容易引起胃病。

8. 正确喝豆浆。喝豆浆的时候，我们会注意：鸡蛋和豆浆不搭配。因为鸡蛋中的黏液性蛋白和豆浆中的胰蛋白酶结合，容易产生不被身体吸收的物质，使豆浆失去营养价值。红糖水和豆浆也不能搭配。因为红糖的有机酸和豆浆中的蛋白质结合在一起，会产生变性沉淀物。

9. 不喝太多的饮料。比如，可乐。因为可乐里的咖啡因会让中枢神经系统处于兴奋状态，甚至还会导致宝宝患多动症。再如，汽水。汽水会降低宝宝胃液的消化力和杀菌力，影响其正常食欲。

10.谨防牛奶贫血症。孩子断奶后，不能全部依赖牛奶喂养，忽视其他营养食物，否则容易患牛奶贫血症。由此，我们会给孩子适当添加辅食。比如，菜泥、蛋、胡萝卜等。

11.饭前喝汤好。宝宝饭前喝少量汤，如同运动前的预热，可以使消化器官活动起来，让消化腺分泌足量的消化液，这样饭后就会感到舒服，有助于消化。

上面的饮食经验虽然不完全适用于所有孩子，但相信对初为人父人母者来说会有一定的参考价值。正是在我们的精心喂养和呵护下，戈凯汝健康地成长着。在此，我们也希望与天下父母共勉。

出门戴口罩
——冷静面对倔强的孩子

生活中，很多家长认为，倔强的孩子很容易偏离"好孩子"的轨道，因为这样的孩子很难管教，在未来的为人处世、待人接物上也很容易出现问题，从而影响孩子一生的成就与幸福。因此，多数父母都喜欢听话乖巧的孩子。那么，我们该如何面对倔强的孩子呢？

2002年，戈凯汝2岁多的时候，内地和香港爆发了非典型性肺炎SARS，简称"非典"。该疫情大约持续了两年时间，一直到2004年世界卫生组织解除对中国旅游禁令，"非典"才算结束。对大多数人来讲，这是第一次面对这种大规模疫情。对于没有经历过类似病毒的香港人来说，这次疫情更是一个巨大的挑战。香港社会严阵以待，我们感到既紧张又害怕。

为了避免感染"非典"，在那两年的时间里，我们取消了很多户外活动，加之出行也受到限制，所以我们大多数时间都待在家里，即使迫不得已出门也会戴上口罩。为了保证家人的安全，我们还特意订购了很多 N95 口罩，一囤就是两年的用量，现在想想，真是大可不必。

疫情开始的时候，儿童口罩市面上几乎看不到，我们只能购买成人口罩，经过改造后，勉强为戈凯汝戴上。后来市场上出现了儿童口罩，很好地满足了儿童出门的需求，太太就给戈凯汝购买了很多儿童口罩。

给戈凯汝戴口罩也是一件不容易的事情。一开始她非常不喜欢戴，甚至还为了拒绝戴口罩而大发脾气，这给我留下了深刻的印象。

当时政府机构和新闻媒体都要求公众出门必须戴口罩。但戈凯汝个性十足，非常固执，不像其他孩子那么听话。为了让她出门戴口罩，我们反复和她沟通，讲了很多道理，她都不愿意听。

一天，我们想带戈凯汝一起出去购物，就让她戴上口罩，可是，无论怎么劝说，她都表示拒绝。我们急着出门，看到戈凯汝拒不配合的样子，我有些生气。为了表示惩戒，我轻轻地拍了一下她的头。结果，让我始料未及的是，孩子居然一下子躺到地上拼命地哭叫起来，似乎是对我的做法表示强烈抗议。这时我意识到，面对倔强的孩子，我们冷静地耐心疏导、以理服人，可能是最好的解决办法。于是我们决定取消外出，先让孩子平静下来。接下来我们两个耐着性子轮番和戈凯汝讲道理，结果也确实让我们喜出望外，戈凯汝答应以后出门一定戴上口罩。

通过这件事让我们明白，在戈凯汝身上，确实有着倔强孩子的典型特征：自己不想做的事，不管我们怎么说，她都会雷打不动地坚持初衷。而且，有时候我们越大声吼叫，她就越不听话。那么，我们究竟该如何面对这样的孩子呢？看到孩子倔强，有些父母会大发雷霆，会用"以倔对倔"的方式强迫孩子按照大人的意志行事，但这样做容易让孩子走极端，要么过于怯懦，要么过于叛逆，都不利于孩子将来的发展。

其实，受到年龄的限制，孩子们一般都只知道"想做什么"和"不想做什么"，而不明白"为什么做""为什么不应该做"。因此，当孩子表现得过于倔强时，家长要对他们进行耐心的引导，告诉他们什么事情能做，什么事情不能做。仅简单地下命令，孩子不明白是非，自然就会产生抵触情绪，继而变得更加固执。

首先，父母要保持冷静。随着孩子不断地长大，他们会慢慢具备自我主观意识，会用自己稚嫩的思维来理解这个世界。面对倔强的孩子，父母应该先静下心来考虑一下，自己应该和不应该做什么，然后跟孩子来一次深入交流，了解孩子的真正想法，弄明白孩子这样做的原因。不要将孩子看成对手，粗暴地对待孩子。

其次，支持孩子的正确想法。孩子坚持自己的观点，父母不要急于表示不满，要允许孩子表达和解释，让他们说清楚为什么要坚持这样做或这样想。如果孩子给出的解释比较合理，那么父母就不仅要尊重他们的意见，还要为他们提供帮助，满足他们的需求。

再次，不要过于溺爱孩子。俗话说，无风不起浪。孩子的放纵和固执，都不会无缘无故地出现，这跟父母的教育方式和家庭氛围密切相关。过于溺爱孩子或对孩子唯命是从，都会让孩子变得不依不饶、刚愎自用、无法无天。因此，为了让孩子少点倔强，就要少些溺爱。

最后，少些暴力，多点耐心。看到孩子太倔强或固执，多数父母都会生气，甚至控制不住自己的脾气，对孩子拳打脚踢。用这种方式来处理问题，不仅不会改变孩子，还可能会引发新的问题。因此，当孩子不听话时，父母一定要多一点耐心，给孩子更多的启发，让他们改掉这个毛病。

总之，孩子太倔强或固执，家长也要从自身找原因，可能是处理方法不当，也可能是过于溺爱，让孩子养成了以自我为中心的习惯，没有规矩意识和大局意识。因此，家长必须改进自己的教育方法，不要光表扬孩子，当孩子做错事的时候，也要批评指正、耐心开导，只有这样，才能让孩子更好地成长。

孩子个性显现
——关注细节，理解孩子

在戈凯汝 1 岁前，我们基本上都是按照她的兴趣爱好，支持她自由发展，既没有提太多的要求，也没制定什么规矩来约束她。

戈凯汝 2 岁时，开始显露出自己的个性。此时，我们开始关注她的成长细节，不断跟她沟通，不仅我们要了解她，更要让她了解我们。

那时候正值"非典"疫情期间，戈凯汝年龄小，抵抗力有限，很容易感染病毒，我们不敢带她到处走，医生也劝我们不要去人多的地方。因此，孩子既不能在公园里跑来跑去，也没机会玩泥巴，更没有接触太多的室外体育活动，和其他孩子游戏。我们多数时间都只能待在家里。尽管这样，我们还是尽最大的努力和孩子互动交流，观察她对事物的反应，了解她的思维逻辑，并及时给予辅导。

每个孩子都是独一无二的，他们有着不同的感受事物的方式、玩耍方式、思维方式和学习方式等，正是这些"不同的特性"定义了他们的个性。2岁左右的孩子，各方面都不成熟，个性还处于潜在状态，就如同刚刚破土而出的幼苗，需要父母精心呵护，好好开发和培养。

由于道德标准和思想观念都不成熟，无论做什么，一开始戈凯汝都是随心而动，不会考虑其他因素，偶尔还会做一些让我们不能理解的事情。这个时候，我们并不会急着否定她，更不会直接指出她做错了。因为我们知道，这都是她最真实想法的体现，我们首先需要理解和肯定她个性的展现，然后采用正确的方法对她进行引导。孩子只要感受到父母的这份尊重，也多半能够接受父母的教诲。

在我们身边，有很多父母都在为"孩子将来会成为一个什么样的人"而担忧，只要看到孩子没有按照自己的要求去做，就感到很伤感很失望，觉得孩子体会不到自己的一番苦心。其实，孩子未来究竟能成为一个什么样的人，关键还在于孩子自身，但父母关注孩子的个性，因势利导也非常重要。

在幼儿时期，孩子的个性特征会逐渐显现。例如，有的孩子活泼好动，有的孩子安静沉默；有的孩子动手能力强，有的孩子观察力能强……无视孩子的个性，对孩子缺少了解，强迫他们按照父母的意愿发展，反而容易让孩子滋生出叛逆心理，不利于他们的成长。只有尊重孩子的个性，鼓励他们按照自己的个性去做，长大之后他们才能有所作为。父母应当重视孩子最初形成的个性萌芽，对孩子个性上的优点进行培养，并慢慢纠正孩子个性中的缺点。经过我们的观察和研究，我们发现孩子的个性有以下几种类别：

1. 活泼好动型的孩子。其实，多数孩子都属于这种类型，因为孩子们天性都好动。这类孩子一般都无法集中注意力，难以遵守纪律和规则，不愿意受到约束，无法安静下来，缺乏对做某件事的持久性热情。

2. 内心迎合型的孩子。这类孩子的心智比较早熟，会洞察大人的情绪和心思，比较看重大人的评价，会迎合大人的反应。这类孩子往往更容易被父母喜爱。但是，他们一般都缺乏自主性，做事容易受到他人的干扰。

3. 消极沉默型的孩子。这类孩子平时一般都比较沉默内向，对很多事物都态度消极，精神气不足，即使是一点小事，也会让他们感到紧张。他们表面看起来似乎很乖，其实内心缺乏热情、积极性和好奇心。

4. 自我张扬型的孩子。这类孩子自我意识一般都比较强，喜欢表现自己，不达目的不罢休，性格张扬，不太合群，遇到问题往往不能妥善处理。

父母是孩子的第一任老师，需要了解、发现和培养孩子良好个性的重要性和一般知识，并发挥自己的表率作用，引导和教育孩子，既宽容又不放任，同时运用适当的技巧，提高孩子的适应能力，使他们的身心得到健康成长。

上幼儿园的第一天
——正确"分离"，减少孩子的焦虑

2002年8月14日，为了让戈凯汝读学前班，我们向离家不远的一所国际私立幼儿园提出了申请。这家幼儿园距我们家步行最多也就10分钟的路程。

香港分为香港岛、九龙、新界和其他岛屿，当时我们住在香港岛太平山上半山腰的位置，维多利亚港湾的对面就是九龙。这所幼儿园也在半山腰的位置，接送都很方便。

第一天送戈凯汝去幼儿园，我们直接将她放到孩童常用的手推车里，像往常推她出去散步一样把她送到学校。她知道自己要上幼儿园了，显得有点忐忑不安，也有点疑惑。

到达幼儿园后，我们将戈凯汝交给老师，交代了几句后就马上离开了。为了了解戈凯汝离开我们之后的情况，我们通过学校临街的窗户偷偷地往里看。我们发现戈凯汝跟其他孩子有些不一样。其他孩子在家长离开后，有的又哭又闹，有的会自己找东西玩，而戈凯汝却站在大堂中央一动不动，这里看看，那里瞧瞧，竟然在仔细观察周围的环境。我其实早就发现了戈凯汝的这个特点，她的安全感比一般小朋友要好。但如果她觉得不安全，她就会先观察，在熟悉环境之前不会轻举妄动。就这样，戈凯汝站在幼儿园大堂的中央，四处张望着。老师也没对她进行干预，只在周围走来走去，可能也是为了给孩子一个适应的时间。大约等了10分钟，戈凯汝感到这个陌生的环境是安全的，才慢慢融入其中，开始跟其他小朋友一起玩。

按照幼儿园的规定，孩子们上午9点上学，下午3点放学。等太太去接戈凯汝放学的时候，她的表情已经跟早上去幼儿园时完全不一样了，她看上去心花怒放、喜上眉梢。回家的路上，她开心地对学校的所见所闻说个不停。

这件事让我明白，家长平时不需要太过保护孩子。保护过度，孩子在未来独自面对社会时，就会有一个较长的心存疑惑、内心不安、不能很好地融入新环境的过程。

即使是成年人，来到一个陌生的地方，周围没有认识的人，也会心里发虚。孩子被送到幼儿园后，他们的心情更甚。在一个陌生的地方，周围没有认识的人，父母忽然离开，孩子就会感到恐惧和不安全，就容易忍不住"哇"地大哭起来。

趋利避害是动物的天性，身为高级动物的人更是如此。孩子上幼儿园哭闹主要有两个原因：一是孩子离开了他们最熟悉、最亲近的父母，面对陌生人，内心生出对父母的无限依恋；二是父母离开后，孩子需要独自面对陌生的老师和小朋友，要接触陌生的环境，会心生恐惧，继而就会产生直接的情绪反应——哭！那么，如何才能减轻孩子的分离焦虑呢？

第一，孩子哭是正常反应，家长无须过度担心。首先，分离焦虑的强度跟孩子的天性气质有关。有些孩子天性就比较平和，对外界的变化不太敏感；有些孩子却相反，他们对环境变化适应缓慢，离开父母后，会哭得非常厉害。看到孩子哭得厉害，很多家长都会备受煎熬，心里不是滋味。其实，孩子是不会哭坏的，而且多数孩子只是哭一会儿就慢慢停了。

第二，引导孩子学会与人交往。为了让孩子更好地适应入园生活，在入园之前，就要鼓励他们学会与其他小朋友交往。比如，引导孩子跟邻居或同龄人一起玩，让孩子学会怎样和小朋友打招呼，怎样借小朋友的玩具，怎样和小朋友相处等。孩子在思想上已经做好准备，到了幼儿园，看到众多跟自己差不多的小朋友，想亲近还来不及，怎么会大哭大闹、急着逃离呢？

第三，提前为孩子做关于"分离"的心理预期建设。为了让孩子顺利入园，可以给他们设定一个心理预期，让他们早点体验到什么是"分离"、什么是"分离焦虑"。甚至还可以让孩子做一些练习。比如，跟其他孩子一起玩游戏：孩子最喜欢的绒毛玩具不见了，一会儿之后又出现了……让孩子体会分离的感觉。

第四，为短暂的分离举办一定的仪式。为了让孩子安静地跟父母分离，可以安排一个告别仪式。例如，可以是摆手说再见，可以给孩子一个温暖的拥抱或一个亲吻，让他们有一个心理预期。悄悄地离开，会让孩子的不安情绪上升，处于茫然的状态；但久久徘徊，也会使得局面更加难以控制，导致分离困难。最好的做法是，直接跟孩子说，爸爸妈妈要走了，放学后我们来接你。然后摆手再见，拥抱或亲吻孩子。

第五，重逢后要给予孩子热情相迎和肯定。放学后，看到爸爸妈妈，孩子一般都会很高兴，这时候一定要让重逢变得充满温情。比如，父母可以拥抱孩子，由衷地祝贺孩子……如果孩子想跟父母说幼儿园发生的事，要给孩子时间，让孩子告诉父母发生了什么，交了几个朋友等。

面对"分离焦虑"，家长能做的就是培养孩子的适应能力，有一句歌词"不经历风雨，怎么见彩虹"，讲的就是这个道理。

幼儿园生活
——少些知识灌输，不要急功近利

孩子0～5岁期间，家长完全可以让孩子自由发挥他们自己的性格和爱好。除了在幼儿园接受比较系统的学习外，家长没必要给孩子过多地补充文化知识，因为书本上的知识都是固定的，而孩子面对的世界是复杂的，有太多的东西让孩子去认知和体验。事实上我们也没让孩子背唐诗，学数学，更没有让她提前学英语，学认字。我们尽可能地让戈凯汝多吸收其他方面的知识。比如，生活中的知识、大自然中的知识。

即使是戈凯汝上的幼儿园，老师们也几乎不会给孩子们安排正规的文化课，多数时间都是让孩子们玩，只让孩子们了解一些最基本的、有趣的、鲜活的常识。

不同年龄有不同的心理特征，不同的心理特征要用不同的学习方式来应对。从孩子的思维发展来看，都会经历一个"直观动作思维→形象表征思维→符号抽象思维"的过程，而幼儿正处于直观思维与形象思维的阶段，其学习基本上都是以直观感知、动手操作和亲身体验为基础的，他们的知识一般都基于直接经验，遇到问题时习惯借助实物操作或头脑中的表象来解决。

由此可见，让年幼的孩子接受超越其年龄的教育，就违背了他们身心发展的规律。总体而言，急功近利地提前灌输知识和训练技能，至少会给孩子带来四大危害：

1.有些知识和技能，在孩子成熟到一定程度时学起来很容易，刻意超前、加速推动学习，会牺牲掉孩子个性发展的机会。比如，交往能力、运动能力、动手操作能力等。

2.孩子做不出超越其年龄的题目，会觉得自己"很笨"；同时，死记硬背不仅会扼杀孩子智慧的形成，还会扼杀孩子的学习兴趣，让孩子觉得学习一点也不好玩，就容易滋生厌学情绪。

3.父母急于求成，强制孩子学习，孩子的情绪就会被压抑，感到紧张焦虑，久而久之，容易出现心理问题。

4.超前学习只能产生即时效应，这种效应难以长久。因为许多知识的习得需要经过一定的重复，跳跃式的学习，缺乏稳固的基础，容易导致孩子未来学习缺少后劲。

我们的学习和教育经历告诉我们：超前学习，可能是以牺牲孩子的情感、社会性和智慧的发展为代价的，是以孩子长远发展的牺牲为代价的，而这些都是在戈凯汝成长过程中没有出现的，也是我们一直坚持和维护的底线与原则。

吃海鲜
——福祸相依，泰然处之

老子曰："祸兮，福之所倚；福兮，祸之所伏。""福"就是走运，"祸"就是倒霉，两者互相依存、互相转化。如今提到福祸相依的故事，大家都能讲出几个。比如，塞翁失马、一切都是最好的安排。其实，生活本身就是一个大舞台，每天都在上演着类似的剧目。

戈凯汝3岁的时候，她的身体保持着一如既往的健康，那时"非典"病毒的传播也得到了有效控制。我们原计划5年内不外出，但外界环境的变化改变了我们的主意，我们报了一个去泰国的旅行团。

旅行过程中，旅行团安排了一个活动，就是到海边吃海鲜大餐。按计划，吃完海鲜之后大家还要到海水里玩一会儿，于是我们就提前换好了拖鞋和泳装。

到了海边，只见几十张大桌子已经在海滩上摆好。我走在前面找合适的位子，太太抱着戈凯汝跟在后面。位子找好后，太太想把戈凯汝放下来，但可能是由于第一次接触海滩和沙子，女儿始终像八爪鱼一样牢牢地盘在太太的身上，向上缩起双腿，不管我们怎么拽她，她的双脚就是不肯落地，嘴里说着"dirty，dirty（脏，脏）"。

我们从来都没遇到过这种情况。为了让戈凯汝双脚踩到沙滩上，我们想尽了办法，但对戈凯汝来说，接触沙子是一个很奇怪的体验，或者很不舒服。她一直坚持着，搂着我太太的脖子，还撕心裂肺地哭。

太太实在没办法，只能对戈凯汝说："既然如此，咱俩就回酒店吧。你现在已经3岁了，脚不着地，天气这么热，我不能这样一直抱着你。"戈凯汝点头表示同意。她俩于是放弃了在海边吃海鲜的安排，回到了酒店，我一个人留了下来。计划被打乱，我有点小失望。但之后发生的事情，却又让我感到有些庆幸。

　　按照旅游团的标准，每个人都有一份海鲜，如果不吃，就浪费了，我很好地践行了节约的优良传统，不仅吃完了自己那一份，还吃完了她们母女俩的两份。我还笑呵呵地说，自己是大胃王，这次海鲜吃了个够。可是，到了当天晚上，情况就有些不对了。我的肚子疼了起来，浑身发冷，总是想吐，后来还拉起了肚子。

　　我感到很纳闷儿，大家一起出来玩，为什么太太和戈凯汝没有出现这种情况？回忆了当天整个游玩和吃饭的过程后，我判定是因为自己吃了3人份的海鲜，而且很可能吃到了变质的海鲜。

　　太太和戈凯汝陪我一起去了一家当地的医院。经过诊断，问题不算严重，医生给我配了药。回到酒店后，我们没再跟团出去，连续休息了两三天。等我的状况有所改善后，旅行也结束了。

　　回想起整个事情的发生，我意识到世界的玄妙。太太和孩子是幸运的。因为我一个人吃了海鲜，避免了太太和女儿中招。可能问题就出在我的那份里，也有很大可能是我吃的几份都变质了。万一她们中招，她们的抵抗力如果不如我，孩子的消化功能也不完善，那情况可能会更糟糕，到时去医院的可能就不是我一个人了。

　　想到这里，戈凯汝不愿意留在海滩的行为，不是一个很好的选择吗？

　　确实，世间的很多事情都是相对的，快乐与痛苦、赞成与反对、成功与失败、名誉与耻辱等，都是来而又去。万物皆有开始和结束，不管你愿不愿意接受，都是人生要面对的。父母要跟孩子一起勇敢面对，坦然接受，然后努力奋斗，甩掉心灵的包袱。福祸只是一念之差，遇到死胡同要转身，原谅生活的同时，也能更好地生活。"月有阴晴圆缺，人有悲欢离合，此事古难全。"父母一定要告诉孩子，所谓幸运者，多半是占据了天时、地利、人和等多种优势，但福祸相依，这些也并非都是一成不变的。得到，是幸运；失去，不一定是不幸。人世间福祸无常，谈笑间随遇而安，才是面对未知人生的最佳态度。

摔下平衡木
——教孩子正确面对挫折

圈养和散养，各有优势，也各有缺点。圈养，孩子确实会被保护得很好很安全，但等孩子融入社会时，判断力就会比散养的孩子差一些。散养，孩子得到的关注可能会少一些，但他会有更多的感悟和体验，能更快地学会如何解决问题，更知道如何面对挫折。

一天下午，戈凯汝在幼儿园的平衡木上玩耍，不小心从上面摔了下来，折断了手腕。可能是由于老师的疏忽，也可能是因为平时我们将戈凯汝保护得太好，致使她对体育器材的危险性了解不够。

放学时太太去接戈凯汝，她没提摔倒的事情，我们也没发现她的异常，老师或许也没发现，也没跟我们提这件事。直到后来我们把戈凯汝送到医院，才发现她的手腕摔得很严重。孩子的坚强让我们很吃惊。

那天回到家后，戈凯汝坐在客厅的地板上玩，太太想拉她去洗澡，一拉她的手，她立刻就哭起来，而松开她时，她就不哭了。太太试着又拉了几次，她又哭起来。太太当时也没有认真观察戈凯汝的反应。直到第二天早上给戈凯汝洗漱时，才看到她的手腕已经发紫了。这时离她摔下平衡木已经很长时间了，等到了医院的时候，已经是第二天早上。

到医院挂了骨科，拍了 X 光片后，医生告诉我们，孩子的手腕严重骨折。太太听了，一阵慌乱，不知所措。医生马上安慰我们，孩子年龄小，很快就能长好，只要固定一下就行。

听到医生给出的解释，我们那颗悬着的心才终于落了下来，但心里依然觉得很不舒服。

处理完孩子的事情后，我们去学校了解情况。校长非常重视，和我们分析了整个事件的发生过程，认为这件事可能发生在课外活动期间。学校没有推脱责任的意思，交流也很坦诚。想到孩子没出大问题，我们没有责怪任何人。我们也非常理解，对于这个年龄段的孩子来说，很多事情大人都无法掌控，小朋友很多，老师只有几个，不可能面面俱到。

这件事情告一段落后，我陷入了思考。不得不说，我有点佩服戈凯汝。戈凯汝摔下来后，虽然手很痛，却一直忍着，忍耐力确实不一般。从事发到回家，再到后来去医院，时间延续了那么久，戈凯汝除了被妈妈拉着去洗澡时哭了几下，对手腕的伤痛居然一声都没吭。换作其他孩子，可能多半都会撕心裂肺哭个不停。同样，如果这件事发生在我们大人身上，可能我们的反应还不如孩子。

我回忆了我们教育戈凯汝的过程，心里暗暗庆幸。戈凯汝对事情的处理态度跟我们平时的家庭教育有关。我一直坚信，在日常生活中，不能将孩子培养得过于娇气，不能让她以自己为中心，更不能让她只接受大人的表扬而忍受不了批评。

出生于20世纪六七十年代的我们，小时候的生活条件跟现在的孩子根本没法比。那时候我们遭受的挫折、压力和困难，是今天的孩子根本无法想象的。有了这种生活经验，即使现在我们的生活条件相对好了，我们也一直通过言传身教，教导戈凯汝不要有任何的优越感，遇到困难，要勇敢面对和解决。

在孩子的成长过程中，失败和挫折都在所难免。孩子由于年龄小，自身阅历浅，能力有限，心理承受力比较弱，这时父母的鼓励和正确的引导就显得非常重要了。如果方法不当，孩子可能就会对自己失去信心。所以，若想让孩子在挫折面前不低头、不气馁，就要引导他们坚强面对，鼓励他们不惧艰险，摔倒后重新爬起来。

在孩子2～3岁期间，父母要重视孩子个性的培养；而随着孩子逐渐长大，让他们经历一些挫折或困境，并不是坏事，父母大可不必担惊受怕。孩子上了幼儿园后，如果同学之间发生矛盾，也要让孩子学会沟通，学会权衡，学会怎么解决问题。归纳起来，父母需要做到：

1. 在生活中磨炼孩子的意志。孩子的意志力不一定是在大事件中才能得到磨炼，即使是日常生活中的小事，也能让孩子得到锻炼。父母要善于利用生活中的小事，一点一滴地对孩子进行意志力的磨炼。比如，可以根据孩子的年龄和能力，给他们分派一些具有一定挑战性的任务，像倒垃圾、整理房间、做饭等，一边指导，一边鼓励他们独自完成。即使孩子做得不好或做错了，也不要横加指责，要引导和鼓励他们重整旗鼓，继续努力。

2. 多给孩子一些鼓励和肯定。面对挫折，每个人都不会无动于衷，孩子亦然。遭遇挫折的时候，孩子精神上会比较脆弱，得不到父母的安慰和鼓励，独自去消化，就可能达不到理想的效果。特别是性格内向、内心敏感的孩子，还可能产生强烈的孤独无助感，甚至自暴自弃，萌生极端的想法。只有得到父母的安慰和鼓励，孩子才能感受到温暖，重新鼓起勇气，积极地思考解决问题的办法。

孩子刚出生时都是一张白纸，也没有高低优劣之分，但到了成年后便会出现巨大的差距，最大的影响因素就在于意志力的差异。天堂和地狱，就在一念之间。而这一念，才是孩子人生的重要抉择，也是家长们需要抓住的教育核心。

第二部分

2006—2009年 加拿大

1~3年级

去加拿大
——让孩子接触不同的教育

戈凯汝出生之前，我们都不太喜欢在一个地方待太长时间，而喜欢在不同的环境中感受生活和工作带来的各种经历。这一点可能跟我们年轻时的经历息息相关。我大学毕业后，就曾经在广州、南京、珠海、深圳、北京、成都、大连、香港、上海，加拿大温哥华，美国波特兰、西雅图等地工作过，出差去过的海内外地方更是不计其数。我一直相信中国的一句老话，"树挪死，人挪活"。这个过程中，太太始终陪伴着我。特别是我去美国留学，太太以陪读的身份也去了美国，在美国的所见所闻对我们触动很大。不同的文化、价值观以及生活、学习方式，极大地丰富了我们的人生阅历。

香港地方不大，空间有限，为了让戈凯汝接受不同的文化，有更广阔的自然活动空间，2005年6月底7月初，经过反复权衡，我们决定由太太陪戈凯汝到加拿大生活和学习一段时间。

当时我在英特尔公司位于香港的亚太地区总部工作。英特尔为什么不在内地设立亚太总部呢？其实那时候很少有大型跨国公司在内地设立地区总部。从对法制的了解程度、语言沟通、国际出行、外汇管制、税收优惠等各个角度看，对跨国公司来说，彼时的香港较内地有更大的优势。大型跨国公司进入中国的路径通常都是先在香港建立管理基地，通过香港，逐步试探内地市场。等到对内地有了一定的了解，并有了销售、生产或研发的基础后，才会慢慢把以管理为核心的地区总部搬迁到内地的上海、北京、深圳、广州等一线大城市。我是在 1995 年于美国路易斯克拉克学院西北法学院（Northwestern School of Law, Lewis and Clark College）获得法学博士学位后，在俄勒冈州波特兰市正式加入英特尔公司的。1996 年初，我从美国搬到了中国香港，服务于英特尔公司的亚太区总部。

为了去加拿大，我请了年假。2005 年 7 月的一天，我们和戈凯汝一起从香港飞抵加拿大温哥华，开启了戈凯汝小留学生的一段难忘时光。

到达加拿大后，很多事情需要马上落实。比如，生活必需品、居住的地方；另外，我们还要办理一系列的注册登记手续。我们选择居住在温哥华市区附近的一个叫列治文的小城市，那里不仅出行方便，还有很多中餐馆。3 个星期后，一切安排就绪，该是庆祝和犒劳一下的时候了。

我们在新家的附近找了一家麦当劳，安静地坐下来，让心态平和下来。我一边吃着汉堡包，一边回忆着过去一段时间的辛劳。我享受着眼前的平和安静，感慨美好生活的来之不易。而特别让我感慨的，是戈凯汝的适应能力和吃苦耐劳精神。

抵达加拿大的时候，天气很热。不管是找房子还是买家具，都得顶着北美夏季的炎炎烈日。我虽然有美国驾照，但在中国香港生活，一直坐公交出行，已经很长时间没开车了，太太有点不放心，所以就决定先不租车。那时，太太没有驾驶执照，也不能开车。加拿大地广人稀，我们虽然偶尔也会坐公交车或叫车，但出行基本靠步行，3人过得非常辛苦。戈凯汝当时只有5岁，却表现得异常坚强，哪怕走再长的路，也一声不吭，既没有跟我们喊累，也没有哭闹。这让我们对小小年纪的戈凯汝倍加怜爱。

晚餐后我们回到新家，看着温馨的小家，我们长时间紧绷的神经终于放松了下来。剩下的事情就是未来的生活安排了。我是陪着她们过来的，我不想让太太包揽太多的事情，也担心她对各种事情有疏漏，就拿出纸和笔，为她们日后需要做的各种事情列清单，排重点。这是我的习惯。我对工作和生活的所有事情都会预先做好安排和计划，这样实施起来就不会忙乱，也不会有遗漏。

结婚多年，太太已经非常了解我的处事风格。多年来，在我的影响下，太太的做事方式也改变了不少，不管做什么事情，也会提前做好安排和规划。如果没考虑成熟，一般是不会动手的。因此，我对她们在加拿大生活和学习还是比较放心的。我们的行为也给戈凯汝带来了潜移默化的影响。

虽然出行不便，但出于安全考虑，我仍然不建议太太开车。我建议她买一辆像国内一样的四轮小拖车，附近生活设施基本齐全，有什么需求，基本都可以满足。远一点的地方，可以坐公交或打车去。其实多步行，也是一个不错的健身方式。加拿大环境非常好，空气清新。考虑到初来乍到，也为了让我放心，太太心存疑虑地接受了我的建议。

安排好所有的事情后，我就订了一张从温哥华飞往上海的机票。

离开的前一天，我们都没跟戈凯汝提暂时离别的事，孩子毕竟只有5岁，在这个全新的环境里，有很多新奇的东西让她忙着慢慢适应。早上，戈凯汝还在睡觉，我到房间看她，太太感受到了我的不舍，就拍了拍女儿，但她没醒，太太轻轻地叫醒了她。

太太帮我把行李拿到地下车库，我们预订的出租车已经在那里等候。送我去机场的路上，我们都没有说话。这是自戈凯汝出生后我们第一次长时间的分离。太太非常沉稳，并未表露出过多的情绪。女儿确实还小，还没有意识到分离意味着什么。

为了给女儿创造良好的学习和生活条件，我和太太进行了明确分工，太太全职在家，负责家庭生活中的所有事情；我专心学习和工作，多挣钱……就这样，我担负起了自己应尽的责任，努力工作，负重前行，哪怕是承受分离。

这一切虽然辛苦，但想到所有的一切都是为了让孩子拥有不一样的人生，我们便毫无怨言。

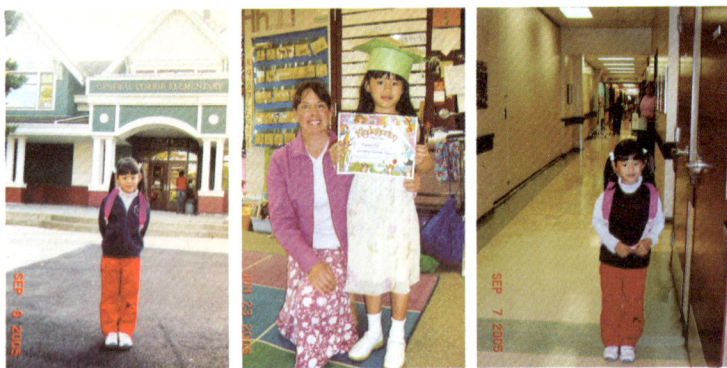

书包后面的小拉链

——让孩子认错，主动承担

孩子年龄小，是非概念薄弱，犯了错误，也会有不承认错误的现象。家长一定要教会孩子如何判别是非，特别是当孩子做错事情后，要耐心教育孩子，告诉孩子错在哪里。当孩子意识到自己错在哪里的时候，自然也就愿意承认错误了。

我回到上海后，太太就一门心思扑在了戈凯汝的学业上。太太在住所附近找了一所叫卡瑞尔（General Currie）的学校，有学前班，距离住处步行也就两三分钟的路程。下楼后，步行几十米，再穿过一条小马路就到了。学校规定，早上 8 点钟上课，下午 3 点钟放学，午餐自备。这也意味着，太太要早上 8 点前送戈凯汝去学校，从学校回来后，就要开始准备午餐，中午前送餐到学校，回到家后要去市场买菜，准备晚餐。下午 3 点放学前要去学校接戈凯汝回家，稍事休息后，再送戈凯汝去上各类开发兴趣爱好的辅导班，参加社会活动，直到晚上 6 点结束，再把戈凯汝接回家。戈凯汝每天的上课和其他学习时间其实就是从 8

点到 18 点，而太太基本上每天围着戈凯汝转。

当时的通信方式跟现在根本没法比，只有电话、传真和信件 3 种。她们母女虽然跟我分隔两地，但我们从不缺少对彼此的关心。考虑到时差问题，我们会约定好每次通话的时间，互报平安。

时间长了，我们发现，家人的分离是一件非常痛苦的事情，我跟太太都感同身受。而戈凯汝年龄小，只要有玩的、吃的，能够跟小朋友在一起，她对爸爸的牵挂相对少些。这次家人分开的体验也让我们意识到，家人之间长期分开，无论出于什么原因，对孩子、对自己都不好，所以应该尽量避免。

戈凯汝所在的学校是当地政府办的公立学校，尽管加拿大以英语和法语为官方语言，但学校是全英文教学。因为戈凯汝在中国香港期间，学校也是全英文教学，家里的用人也说英文，我的工作语言也是英文，和戈凯汝交流也主要是英文，所以到加拿大后，她并没有遇到语言上的障碍，并且很快就融入了学校的生活，还结交了很多朋友。戈凯汝第一次去上课那天，已经没有了上学前班时的那种犹豫和紧张的状态，对新环境适应得很好。

就这样，太太和戈凯汝在加拿大开始了新的生活，每天按部就班地上下学。到了周末，她们会按照计划，出去熟悉和了解当地有意思的地方。太太在居住的小区和戈凯汝同学的家长中间也结交了几位好朋友。她们有时会搭朋友的车，去周边的景点玩耍。但不久后，发生了一件让人不愉快的事。

那天太太去接戈凯汝放学，老师脸色很不好，郑重其事地叫住了太太，让太太和孩子都留下来。太太吃了一惊，不知道发生了什么大事情。

"出什么事情了吗？"太太不解地问老师。

老师看了一眼对面的男孩，对太太说："你看那个男孩子在哭，他父母也感到很紧张。你知道他哭的原因吗？"

太太顺着老师的视线看过去，果然有个男孩，太太问："到底出了什么事？"

老师说："戈凯汝书包后面有个拉链，孩子们一起出门，互相跟得太紧，戈凯汝书包的拉链划到了男孩的脸，男孩的脸上出现了一条划痕。现在男孩哭了。戈凯汝要留下来，跟男孩道歉。"

太太和戈凯汝按照老师的要求，跟对方道了歉。但看得出对方父母很不高兴。

事后，我们进行了反思。这件事，如果发生在国内，会怎么处理？多年的教育经历告诉我，不仅孩子不重视，大人一般也不会重视或斤斤计较。这么小的划痕，过几天就好了。但是，国外学校的老师却非常重视这些事情，他们认为不管你有什么理由，只要给对方造成了身体上的伤害，就是非常严重的事情。你需要给对方道歉，如果对方要求赔偿，你就要根据法律给予对方一定的赔偿。可能也是为了避免伤害到他人，西方人在公共场所一般互相之间保持距离，很少有你推我挤的场面；前面的人进门后，如果看到后面有人跟得紧，也一般会把门推住，等后面的人进门后才放手，让门合上。

生于中国长于中国的我们，多半都认为孩子之间磕磕碰碰是很平常的一件事。但在这一点上，西方的认知跟我们国内完全不一样。虽然中西方文化各有所长，但太太一直还是偏向孩子接受更多中华文化的熏陶。

这件事情让太太意识到，西方文化强调的责任感教育非常有价值。虽然这是一件小事情，但责任感的培养确实需要从孩子开始。从这一点上来说，太太很赞同老师的处理方式。事后，太太告诉戈凯汝：今后跟小朋友相处，一定不能伤害到他人，哪怕是无意的，也要处处小心避免；如果犯了错，必须先认错。

在孩子成长的过程中，或多或少都会犯错误，或是无意，或是有意，这是无法避免的。孩子犯错不可怕，可怕的是孩子犯错后认识不到自己的错误，不停地给自己找理由推脱、辩解，没有责任心。

要让孩子意识到，犯错需要承担相应的责任，然后结合一定的规则，让他们意识到承担责任的重要性。比如，孩子故意把玩具弄坏，不要给他们买新的，最直接的惩罚就是让他们没有玩具玩。如果孩子的行为伤害了别人，家长一定要第一时间带孩子跟对方道歉，同时将伤害别人的后果告诉孩子。家长和孩子犯错应该注意以下 3 个方面：

1. 鼓励孩子承担责任。孩子犯错误不承认，是责任感的缺失。责任心是每个人都应当具备的品质，孩子没有责任心，长大后根本就无法在社会上立足。因此，家长要培养孩子的责任感，让孩子主动承担责任。要告诉孩子，勇于承担责任的孩子最受欢迎。当孩子做错事后，家长要让孩子明白自己的过失造成的后果。很多时候，错误不是不能挽救的，要让孩子想办法进行补救。一味地指责，只会加重孩子的逆反心理。为了让孩子具备承担责任的勇气，家长既要引导孩子进行言语上的道歉，更要让孩子克服以自我为中心的心理。

2. 适度地惩罚与表扬。孩子犯错后，家长不能听之任之，应该根据错误的严重程度给予孩子必要的惩罚，让孩子知道做错事后必须承担后果，从而牢记教训。家长可以通过目光注视、远离孩子、拿走孩子的玩具等惩罚措施，让孩子对自己的错误行为产生内疚感，达到避免孩子再次犯错的目的。孩子意识到自己的错误而主动道歉后，家长应该给予适当的表扬，让孩子明白知错能改的行为是父母所希望的。

3.父母做错了也应该向孩子认错。父母是孩子最好的老师，孩子的很多行为都是模仿父母的。父母做错了事或错怪了孩子，要真诚地向孩子道歉，这样不仅可以融洽家庭关系，也可以让孩子明白：每个人都会有犯错的时候，道歉并不丢脸。事实上，父母不仅不会因为向孩子道歉失去威信，反而更能得到孩子的尊敬。

西方国家在培养孩子的理念上有一定的先进性，汲取其精华，为我所用，是提升孩子综合素质的重要途径。

孩子能力的培养
——先天即本能，后天是赋能

戈凯汝所在学校的教育长处，我认为在于特别关注孩子的兴趣培养，采取的教育方式不是填鸭式。平时，孩子们不仅要参加各种社会活动，还要常常到大自然中去感知和体验，提升对生活的热情。让我特别感慨的是，放学后孩子们几乎没有课外作业。

在戈凯汝小时候，我们按照"放养"原则，任由她凭着兴趣去发展，不管她想做什么，只要是正确的、安全的，我们一般都支持，偶尔我们也会告诉她哪些事情太危险不能做，但我们不会设置固定的框架。一年级开始，戈凯汝已经有了独立思维的能力，并形成了她自己的个性。这个阶段，当她遇到问题的时候，我们就会跟她讲道理，她一般都能接受。

在培养孩子的过程中，很多父母都忽视了孩子的天性，他们更看重对孩子后天的培养，这并没有错。但是，教育经验告诉我们，先天即本能，后天属于赋能。先天的东西，我们无法去增加或剥夺，它存在于孩子的基因里。如果孩子先天就不具备某种才能或本能，无论后天如何培养，想取得理想的效果都是有一定的困难的。因此，我们要根据孩子先天的本能，来进行后天的赋能。

太太对此也深有体会。我的岳父岳母看到别人家的孩子能够学好数理化，并有"走遍天下都不怕"的前景，于是也让太太选择学习理科。尽管她很努力，但效果却并不理想。后来经过反复验证，岳父岳母终于明白了，社会上的行业五花八门，行行都能出状元，这些行业并不一定都需要数理化！孩子如果没有学习数理化的天性或天赋，赶鸭子上架，结果自然不会理想。

根据自己的深切体会，在戈凯汝小学低年级阶段，太太一直认真观察她的禀赋所在，并慢慢了解她的兴趣和长处，熟悉她的个性和喜好，从而投其所好，因材施教。这个教育方法对戈凯汝的成长和发展非常管用。

其实，就连耕种的老农都知道，要想庄稼长得好，首先要保证有合适的土壤，贫瘠的土壤长不出苗壮的苗。同理，要想让孩子获得良性发展，首先父母就要改变自己的传统观念，让自己成为赋能型家长，智慧地培养孩子。孩子的先天优势不可忽视，再加上后天的环境、孩子自身的努力，以及家庭的悉心教育和栽培，孩子就一定能够苗壮成长。父母要给予孩子科学又合理的早期教育，从而释放孩子的潜能。另外，在孩子的后天创造方面，我们还有以下一些认识：

1. 要为孩子创造良好的学习、生活环境。要想让孩子健康成长，就要给他营造一个安稳、轻松和愉悦的家庭环境，让孩子的内心充满阳光，构筑强大的内心世界，丰富他们的内心活动。家庭环境就像土壤，是孩子成长的基础，而开辟出一片优质的"土壤"，则需要家长的身体力行和有效的资源配置。比如，孩子喜欢音乐且乐感很强，想让孩子在音乐方面有所发展，父母就要让家里随时随地都充盈着各种世界名曲，供孩子静静聆听欣赏，营造一种温暖、美好的艺术氛围，提高孩子的音乐感受力，天长日久，孩子就会在音乐方面有所造诣。

2. 要鼓励和认同孩子，减少否定和斥责。为了激发孩子的正能量，挖掘孩子的内在潜能，父母要尽量给予孩子积极正面的鼓励，不断地培养他们积极向上、坚持不懈和勤于思考的意识。比如，孩子用充满童趣的语言描述对一本故事书的看法时，父母要认真听，赞扬他们"想法真棒"，来激发孩子进一步思考，逐渐提高他们思考问题的能力。

3. 要保护好孩子的好奇心和想象力。用成人的固化思维轻易地否定和打击孩子，只能将孩子宝贵的想象力和创造力扼杀在摇篮中。为了保护孩子的好奇心和想象力，父母就要引导孩子进行深入的思考和探索，激励他们去探究未知的世界。

飞来飞去中的牵挂
——少些分离，让孩子感受家庭的温暖

　　一个温馨的家庭对孩子的成长和发展至关重要。为了营造一个安逸舒适的居住环境，我们陆续购买了一些家具、饰品和日用品。虽然对家庭环境的要求不太高，但我和太太的共识是要有一个崭新的面貌，不能太随意马虎，要努力把家布置得精致一些。每次我到加拿大探亲，太太和戈凯汝都会提前对屋内的物件重新调整，或布置，或清洁，把屋子整理得很漂亮。她们还会细心挑选一些鲜花盆栽摆放在阳台上，保证我一进门就能看到，有一份好心情。

　　我通常是利用公司假期去探望她们，时间长短不一，偶尔也会趁出差过来。搭乘航班，十几个小时，路上非常辛苦，自然希望家里是轻松的、舒适的。

有一次探亲假结束，要离开温哥华的时候发生了一件事。虽然这件事情如芝麻粒那么小，但每次讲起来太太都感触很深。

当天，我要飞上海，戈凯汝和太太一起把我送下楼。太太事先叫好了一辆出租车，我们一起把行李放进后备箱后我就上车了，随后将车窗玻璃摇下来，向戈凯汝挥挥手。

这个阶段，戈凯汝正跟着妈妈学吃瓜子。下楼时，她两只小手还抓着一些瓜子，看到我挥手，她也立刻挥动起小手，结果不少瓜子掉到了地上，然后她就下意识地低头去捡瓜子，后面我的挥手动作她没看到，等她抬起头来时，出租车已经开走了。看到我已经离开，她一下子就哭了。太太只能哄着她，把她带进屋内。其实，我在跟她挥手的时候，我的眼里已满含泪水，心里非常舍不得。太太借着哄戈凯汝，其实也在掩饰，不想让我看到她的眼泪。

一次又一次的分离敲击着我们的心灵。孩子很小的时候，还没有太大的感触。随着她慢慢长大，她也会有自己的想法、感触和感情，也能感受到爸爸的离开是一件非常伤心的事情。我能做的，就是尽量把工作做得出色，尽量多地回到孩子的身边。

其实，只要有假期，哪怕只有一个星期，我都会争取飞过来。截止到2009年她们离开加拿大回到上海，我已经无法统计一共飞了多少次。这种带着牵挂的飞行，分离又相聚，对一个家庭来讲，确实很不容易。

2008年夏天，公司考虑到我经常需要到北京出差，长期住在酒店不太方便，就在北京商务中心区域为我租了一套酒店式公寓。安顿好后，我迫不及待地给太太打电话。我告诉太太，北京要举办奥运会了，而戈凯汝正好放假，我弄了几张票，咱们3个去参加奥运会开幕式、看比赛。听了我的话，太太很高兴，立刻将这个好消息告诉了戈凯汝，她也很兴奋。

母女俩立刻收拾东西，很快就从加拿大飞到了北京。参加完奥运会开幕式后，她俩还在北京待了大约一个月的时间，直到学校快开学了才开始回程的安排。

在这宝贵的一个月里，我的生活都由太太照顾，方方面面的细节太太都会为我考虑到。看到我一个人在北京生活，平时还要国内外到处频繁地飞，太太不放心，想把该做的都做好、做完。相聚的日子是短暂的，又到了离别的时间。

公寓里充斥着不舍的情绪。这天早上太太5点多钟就起床了，机票是下午的，还有半天的时间，于是她就开始一通忙活：她先把房间全部打扫干净，之后开始做菜，做了足够我吃一个星期的量。太太将做好的菜盛到一个个小碗里，放凉之后包上保鲜膜放到冰柜里。太太的想法是，她们离开后没人照顾我吃饭，多做一些放冰柜里，至少在她离开的这一个星期里我回来都有饭菜吃。

大半个上午太太都是在厨房里度过的，到了下午，想到真的要走了，戈凯汝很不开心，又委屈又无奈，似乎想哭。太太把她拉到一边的房间里，劝她说，不要哭，你一哭，爸爸就更伤心了。于是，戈凯汝就将眼泪憋了回去。

我将她们的行李拿到公寓门口，司机小哥已经在门口等候。安放就绪，太太又对我一番叮嘱。看到她们马上就要上车了，我控制不住自己，一下子就把她们母女俩抱在怀里。都说男儿有泪不轻弹，然而在那一刻，我真的无法控制自己。但是，我们都知道，这种生活方式是我们自己的选择，我们只能面对现实。

如今每次想到当时的情景，我都感到很不舒服。这段经历让我深深地感悟到，不论发生怎样的情况，家庭成员都要在一起共同生活，不要出现分离的状况，特别是长时间的分离，分离不仅会影响到孩子的身心健康，还会影响到家庭关系的健康。虽然短时间的分离我们一般都能忍受，但时间长了，很容易引发家庭的离散。

现实生活中，因工作原因夫妻分居两地的情况并不少见，而孩子一般都是跟在妈妈身边。相隔遥远的，估计两三个月孩子也见不到爸爸一面。这其实对孩子的成长非常不利，特别是对于正处在低龄段尚未完全懂事的小孩。原因有 3 个：

1. 缺失父爱。孩子的成长离不开父母双方共同的爱护与陪伴，爸爸长期不在身边，孩子的内心就会缺乏安全感，认为自己没有得到应有的关心和爱护，爸爸没有尽到抚养自己的义务，时间长了，孩子与爸爸就会变得疏远，继而造成亲子关系的恶化。从小缺乏父爱的孩子，长大后情感上会比较冷漠，性格也比较偏执，不懂得如何去爱。除了容易出现性格缺陷，有时还会出现心理问题，使得孩子成年后可能不愿意赡养老人，甚至不关爱自己的孩子。

2. 缺失教育。父亲对孩子除了关心和爱护，更有独特的教育方式。比如，孩子会从爸爸那里学会独立、勇敢，这相比于孩子从妈妈那里学会的善良和真诚而言，同样重要和不可或缺。孩子身上很多行为和品性都是在父母双方共同引导和督促下养成的，两种教育互相补充，才能造就孩子完整的人格。一旦这种平衡被打破，孩子的心理就会受到影响。

3. 影响孩子今后的婚姻。从小跟父母一方生活在一起，没有享受过完整的家庭氛围，孩子对于婚姻家庭的理解就容易出现偏差，以为夫妻长期分隔两地是一种正常的现象，从而让孩子在组建家庭后，也会觉得夫妻在两地生活是正常的、普遍的。将来面对自己的婚姻时，一旦跟爱人发生矛盾或受到其他因素的影响，就可能选择分开。

如果不得不分开，应该怎么做呢？

1. 跟孩子把情况说清楚。对于孩子来说，只有心中时刻都充满安全感，才不会感到缺爱。孩子虽然年龄小，但也有一定的认知理解能力，父母一方长期不在身边，另一方一定要把实际情况告诉孩子。比如："并不是爸爸（妈妈）不爱你，而是因为工作原因才无法在一起生活，隔一段时间我们一家人就可以团聚了，你永远是爸爸妈妈的宝贝。"

2. 与另一方保持频繁联系。父母双方因相隔太远而长时间无法见面，可以经常用电话或视频的方式来交流，让孩子与不在身边的一方保持高频次的联系，从而降低分居对孩子的伤害。电话中，要多关心孩子的学习生活情况，了解孩子的最近状态。当孩子感觉到自己是被关注的、受重视的，就不会因为父母一方不在身边而感到孤独了。

3. 鼓励孩子多跟亲友接触，多交朋友。为了弥补父母一方给予关爱的不足，可以让孩子多见见身边亲近的其他亲人。比如，爷爷奶奶、外公外婆；也可以鼓励孩子跟小伙伴一起玩。有了亲人的关爱，再加上自己结交了很多小伙伴，孩子的生活就会变得丰富多彩，就能体会到其他人给予的关心和爱护，体会到生活的快乐，也就不会缺乏安全感了。

心理学家马斯洛经过研究发现，当人的生理需求得到满足后，也就是吃饱穿暖之后，最大的渴望就是爱与归属感，它们像心灵的食物，得不到，就会令人感到空虚沮丧。孩子最大的渴望就是与爸妈一起生活的归属感，感觉"我们是一起的"。完整家庭是父母送给孩子最珍贵的礼物。

垃圾桶里的鱼肝油丸
——正确对待孩子的"骗人"行为

年幼的孩子都很天真无邪，很多本真的东西客观存在，他们不可能像成人一样去思考每件事，也不可能用成人的眼光和标准去审视自己的行为。很多时候他们对付大人的一些小花招，并不是通常意义上大人理解的"骗人"。

戈凯汝年幼的时候，太太每天早晨都会让她吃一粒鱼肝油丸。鱼肝油丸是日本生产的，专门供幼儿食用，据说该产品含有丰富的维生素 A 和 D，可以补钙，还可以帮助正处于生长发育期的孩子明亮双目，增强食欲。每天早餐的时候太太都会将鱼肝油丸放到戈凯汝的盘子或杯子边上，让她服用，过后太太就会问戈凯汝："你吃了吗？"戈凯汝会回答，吃了或没吃。

有一天，太太无意中发现垃圾桶里有一粒鱼肝油丸。太太回忆，自己确实将鱼肝油丸放在了戈凯汝的盘子边上，问她是否吃了，她也说吃了，那垃圾桶里怎么会有一粒鱼肝油丸呢？太太有些疑惑。

第二天早上，太太按常规，又给戈凯汝的盘子边上放了一粒鱼肝油丸。过了一会儿，太太问戈凯汝："你吃了吗？""吃了。"戈凯汝很爽快地回答道。太太来到垃圾桶旁，发现里面又有一粒鱼肝油丸。太太选择了沉默。

第三天，前两天的情景同样延续，太太问戈凯汝："你吃过了吗？""吃过了。"戈凯汝回答说。这时，太太将垃圾桶拿到戈凯汝的面前，把她扔掉的那一粒鱼肝油丸拣了出来，放到她的面前。这时，戈凯汝的眼睛睁得大大的，很震惊地看着我太太。其实，太太并不想责怪戈凯汝，但太太发现，戈凯汝的眼神居然露出那种天真的狡猾。

太太并没有因此上纲上线。她知道，孩子在这个年龄段，出于自身好恶，会有本能反应，会用简单的办法去回避一些他们不愿意做的事情。在主观上，他们并没有意识到他们的这种行为是在说谎、骗人。每个孩子身体里都藏着一种本能的天真，我们不能小题大做。这时，作为父母，应该对孩子进行引导，让他们意识到，对自己不愿意做的事情要坦率直言，父母会认真听取他们的意见，再做判断。

其实，将心比心，推己及人，我能理解太太的想法。比如，在我们小的时候，生活条件不好，几乎没什么零食可以吃。隔壁邻居在巷子里或广场上晒些山芋干，孩子们上学经过时看到山芋干，就会忍不住拿一根，放学回家时再拿一根。邻居将山芋干摆放得很有规律。孩子们为了不被发现，拿掉一根后，会将剩下的山芋干弄散一点，让它们看上去好像没有减少。那时候，孩子们并不会觉得这种行为就是"偷东西"，邻居也不会对孩子们的行为大惊小怪。

设身处地思考，太太没有将戈凯汝的行为当作"骗"。在孩子还小的时候，这样的行为时常会发生，家长要多理解，要辨别他们的主观是善意还是恶意，如果是善意，则要讲道理加以引导。当然，如果是恶的，家长就需要严肃对待，及时进行道德法律方面的教育，以免孩子长大后养成不好的习惯。孩子"骗人"的情况应如何处理呢？

1. 孩子"骗人"很正常。"骗人"对于小学低年级的孩子来说是常事。到了3岁左右，孩子们就开始意识到家长并不是无所不知的。在生活中，他们会通过自己的观察，发现原来爸爸妈妈并不会"读心术"：爸爸妈妈并不知道自己说的到底是不是真的。到了4~6岁，孩子们在说谎的时候可能会带有夸张的面部表情，甚至语调也会不一样。因为年龄的限制，他们无法考虑到细节部分，家长一追问，他们就编不下去了。6~8岁甚至更大一点的孩子，已经会揣摩他人的想法了，说谎更加熟练，骗人成功的概率更大。虽然孩子说谎是常事，但家长都希望孩子尽可能地诚实。所以，在孩子刚开始说谎时，我们要先站在孩子的角度去想，他为什么会这么做？

2. 不要上纲上线。听到孩子说谎，很多家长会感到恐慌，认为孩子变坏了。其实，大可不必。孩子幼年时期的行为大多与品性无关。成功撒谎对于孩子来说是个"技术活"，孩子如果能够区分大人和自己之间的信息差，知道父母可能的想法，有丰富的想象力、语言表达能力和表情控制能力，以编故事的办法来骗人，或许父母可以"窃喜"了，这至少说明孩子的社交和情绪发育没有问题。另外，孩子的理性认知有限，经常混淆想象和事实，分不清真假。所以，对于年龄小的孩子，父母不必上纲上线地过分担心，更不要给孩子贴上"骗子"的标签，扼杀了孩子的天性。

商场走失
——对孩子进行安全教育非常必要

在养育孩子的过程中，健康和安全问题始终是父母关注的焦点。父母掌握一些孩子成长的健康知识非常重要。

有一次，太太因为有点事，去接戈凯汝放学比平时晚了一点。刚到学校门口，就看到老师已经在那里等候。

老师看到我太太，就迎了过来，告诉太太说戈凯汝的鼻子有点流血。

太太立即紧张起来，三步并作两步地冲到戈凯汝所在的教室里，看到戈凯汝坐在课桌前，老师已经用卫生纸帮她止了血。

简单了解情况后，太太以最快的速度带着戈凯汝回到家里，让她躺到床上。这时，戈凯汝又流鼻血了。这让太太非常着急。为了搞清楚问题所在，太太跟附近的医院取得了联系。

医生听了太太的介绍，解释说，因为当时天气太干燥，而儿童鼻子里的毛细血管太细，比较容易破裂，所以就会出现流鼻血的情况。医生叫我太太不必过分担心，替孩子止血就可以了。

看到戈凯汝身体没有大碍，太太这才安心下来。

除了健康，孩子的安全更是每个父母必须考虑的问题。

有一次，太太和当地的一位朋友一起去逛商场买东西，戈凯汝和朋友的女儿走在前面，两个大人跟在后面。

在琳琅满目的商场里，两个孩子东看看，西瞅瞅，走路的速度比较快，走着走着，她俩突然不见了。那时候是晚上7点多钟，天已经黑了。

太太和朋友急了，在商场里疯狂地奔跑，楼上楼下四处寻找，逮着人就问，但大家都说没看到孩子。最后她们找到商场保安，通过广播寻找孩子的下落。可是，广播之后，过了好一会儿也没有任何反应。太太和朋友这时更着急了，但也无计可施，只能回到和孩子走散的地方，在那里焦急地等待，希望孩子能够回到原地。正当她们焦头烂额、欲哭无泪之际，我太太突然听到广播里有孩子寻找大人的消息。"是戈凯汝！"太太和朋友这时欣喜若狂，立刻跑到广播里提到的地点，在那里，见到两个孩子安然无恙地坐着。

原来，这家商场的服务人员看到两个孩子没跟父母在一起，就主动问她们："你俩这么小，为什么没跟父母在一起？"在加拿大，人们的安全意识都非常强，父母随意让小孩单独上街是违法的。

这时，两个孩子才知道她俩和妈妈走散了。店员正在考虑如何解决这个棘手的问题时，戈凯汝请求店员说："您能不能在广播里播一下，让我妈妈听到，告诉她我们在这个商铺的门口等她？"

……

安全教育，是戈凯汝的必修课。平时老师教授的安全知识确实能派上用场。当戈凯汝发现跟妈妈走丢之后，并没有惊慌失措、大哭大闹，或者到处跑着找妈妈，而是和店员一起，平静地寻找解决办法。

在日常生活中，我们也注重对戈凯汝安全意识的培养。

有一天晚上，太太要到楼下去倒垃圾，她突然心血来潮，想试探一下戈凯汝，看看她能否妥善处理一个人在家时有陌生人敲门这样的事情。

太太告诉戈凯汝："我去倒垃圾了，你一个人待在家里。"

"好的。"戈凯汝爽快地回答。

倒完垃圾，太太回到家门口，抬手敲门后，就躲到一边。太太想测试戈凯汝会不会随随便便就打开门让陌生人进来。结果，太太试了几次，戈凯汝都没有把门打开。太太还发现，戈凯汝在听到敲门声后，一直没有发出任何声音。

在太太多次敲门之后，戈凯汝终于打开了门。太太问她，你怎么能随便把门打开？戈凯汝解释说，她不想大声问门外是谁，因为只有她一个人在家。万一是坏人，听到家里只有一个小孩，撞门进来，她打不过坏人。她是从门底下的缝里朝外看，最后看到了太太的鞋子。加拿大的房间铺有地毯，门底和地面之间有条小小的缝隙，她通过这个缝隙看到了妈妈的鞋子，知道门外敲门的是妈妈，于是就把门打开了。

对于孩子的教育，需要和生活的点滴融合。大人把生活的经验讲授给孩子，孩子没有切身体会，往往记不住，这时大人不要纠结，更不要训斥孩子。除了父母的日常教育，孩子还能从其他途径得到正确的指导，日积月累，润物无声，到了一定阶段，自然就可以转化成能力和思维。换句话说，我们要给孩子一个成长的时间和空间，即使孩子一时做得不太好，但只要持之以恒，强化教育，假以时日，孩子就会知道自己面对危险和挑战时该怎么正确应对了。

孩子好动，爱冒险，好奇心、求知欲、模仿力都很强，但他们的生活经验、社会阅历较少，危险随时随地都可能发生。因此，要从小教给孩子一些安全防范知识，强化孩子的安全意识。

第一，告诉孩子："走丢了，待在原地不要动！"很多孩子玩着玩着就"开溜"了，不一定是故意要躲开爸妈，只是被好玩的东西吸引，玩着玩着就忘记了爸妈。等到反应过来时，已经找不到爸妈了。所以，在日常生活中要告诉孩子，如果走丢了，找不到爸爸妈妈，千万不要乱跑，就在原地等。同时，告诉孩子，除了警察叔叔，不要跟任何人去任何地方，避免被人贩子拐走。

第二，告诉孩子爸妈的真名。为了让走失的孩子在最短时间内跟父母取得联系，要让孩子记住爸妈的名字。等孩子大一些，除了要让孩子知道爸爸妈妈的名字，还可以让孩子每天背诵一下爸爸妈妈的手机号，也可以教孩子说家庭住址、幼儿园名字……总之，要让孩子了解家庭成员和自己的信息，这样有利于孩子走丢后自救。

第三，告诉孩子向警察求助。应该告诉孩子，走丢后如果在原地待了一段时间都没有等来爸妈，就要主动向警察寻求帮助。

如果孩子已经五六岁甚至更大一些，已经具备了一些判断能力，就可以让孩子去带有标记的地方求助。比如，社区中心、学校等。

第四，跟孩子做模拟情景训练。父母一般都会告诉孩子可以去哪里寻求帮助，却忽略了孩子学到的知识可能只停留在理论阶段。所以，带孩子出门时，要随时锻炼孩子，鼓励他们向警察或可靠的陌生人（如商店里的客户服务中心）求助！看到巡逻的警察、商场服务员等，让孩子主动打招呼问好；让孩子学会向陌生人提出请求。例如，请求其给父母拨个电话。这样的训练可以很好地增强孩子的勇气，培养孩子寻求帮助和解决困难的能力。

第五，教孩子识别有危险的大人。告诉孩子，找人帮忙应该找强者。如果大人有自己解决不了的事情，找孩子帮忙，那么这个大人就很有可能另有所图。要让孩子牢牢记住，陌生的成年人找你帮忙的时候，要学会拒绝，以免被人贩子拐骗。

第六，教导孩子做到"四不"：

（1）没有父母在场，不与陌生人交谈。跟父母一起出门，发现找不到父母了，陌生人和你说话，千万不要搭理。

（2）不显现财富。要告诉孩子，不要互相攀比；和其他小朋友聊天时，不要说"我家特别有钱"这类的话，否则容易被不怀好意的人盯上。当然，家长也没有必要给孩子穿戴很名贵的服装和首饰，一是不利于孩子身心健康，二是容易被坏人盯上。

（3）不在半夜进娱乐场所。对于年龄偏大一些的孩子，要告诉他，晚上不要进游戏厅等娱乐场所，即使想去游戏厅玩游戏，也只能白天去玩。

（4）不能离开小伙伴。告诉孩子，跟同学一起出去玩，无论遇到什么情况，都不能离开他们，即使是去厕所，也要结伴，不给坏人下手的机会。

孩子一出生，就在面对种种挑战，其中，安全问题不容有失。守住安全的底线，提高孩子应对社会复杂状况的能力，才能在日常环境中不给坏人可乘之机，才能在漫漫人生路上行稳致远，进而有为。

罚站
——不要超越界限去做事，因为法律是无情的

出生于 20 世纪六七十年代的人都有体会，在孩提时代，如果自己哭闹或犯了错，惹父母不高兴了，可能就会遭受父母的一顿打。那个年代，很多孩子都是在父母的棍棒下成长起来的。中国还有一句老话，"棒头底下出孝子"。虽然我们都在这样的文化熏陶下长大，但是到今天为止，我们都没打过戈凯汝。在加拿大上学，老师经常会提醒孩子，如果父母用棍棒打你，父母就是犯法；如果打得严重，你们可以报警，或者通过学校向相关机构寻求帮助。不可否认，加拿大对孩子的保护确实非常到位。

在温哥华，我们住的是公寓。有一天傍晚，戈凯汝不太听话，太太很生气，就让她站到公寓走廊的门口反思。没多久，太太听到有人用力地敲门。

太太打开门一看，发现是一个平时没有接触过的本地人。

"你有什么问题吗？"本地人问。

太太说："我没问题，就是孩子有点不听话，我让她站在门

口好好反思一下。"

"这不行！"本地人严肃地说。他告诉太太：这种行为是不对的，绝对不能这样对待孩子。孩子站在门口没人看管，如果发生了意外，家长要承担刑事责任。

听了对方的提醒，太太才明白，自己的行为即将触碰到当地法律的底线。在向本地人连声表示感谢后，太太连忙把戈凯汝拉进了房间。

这件事，也让我们认识到了加拿大法律的严苛，这种看起来惩罚孩子的小事也可能触犯法律。

在平时的生活中，太太也会教育戈凯汝，不要超越界限去做任何事情，因为法律是无情的。

那段时间里还发生了一件让我们印象深刻的事。

一天中午，戈凯汝和同班的另一个同学吃完饭后在教室里玩。这时候，他们发现老师的讲台上放着一块三明治。这块三明治其实是老师的午饭，恰好此时老师不在教室，两个孩子看到这块三明治，感到很好奇，就趴在讲台边上看。戈凯汝的同学终于忍不住，用手掰下了一点三明治尝了一口。

这时老师走了进来，看到她们俩趴在讲台上，而且自己的三明治缺了个角，也不管是谁掰了三明治，就让两个孩子站好，之后又叫来了家长，接受处理。

老师说，在没经他人允许的情况下拿了别人的东西，这就是"偷"。

可能是觉得老师的思维和自己的认知差别实在太大，太太也有点不高兴，就问老师：就算在这件事情上孩子有错，但又有什么证据证明这是戈凯汝做的呢？但老师没有妥协，依然觉得自己做得正确。最后，太太和戈凯汝一起向老师道歉，并得到了老师的谅解。

在加拿大生活，我们无法改变当地的文化或意识，只能入乡随俗。不过，从另一个角度来看，加拿大对孩子的保护、教育和道德的标准等，确实有很多方面值得我们借鉴。

在国内，孩子犯错时，很多父母都会给孩子找借口，"他还是个孩子"，然后主动揽过责任。但在加拿大，他们会这样认为，孩子是在犯错中成长的，有些经历必须让他们自己体会，有些责任必须让他们自己承担。

责任心是一个人长大后立足社会、获得事业成功与家庭幸福的至关重要的人格品质。每个孩子都会在成长的过程中犯错，每次犯错都是一次教育和成长的机会。因此，孩子犯了错，父母没必要大惊小怪，更不应该求全责备，只要孩子承认并改正了错误，就要表扬他们勇于负责的精神。

区分对待孩子犯错，有以下3个方面：

1. 家长要帮助孩子看到自己的言行有什么问题。比如，养的宠物没有训练好，在家里随地大小便，影响了家里的环境；将垃圾随便扔，影响了家庭卫生……

2. 如果孩子已经认识到自己错在哪里，并出现了跟事件有关的情绪，如自责感、歉疚感，家长就要跟孩子共情，帮孩子释放情绪。不小心打碎了碗盘，孩子感到不安，家长就要告诉孩子，"我知道你已经知错了"，然后拥抱孩子；如果孩子想哭，就让他释放出来。家长还可以接着说："我们不会为这件事情生气，但希望你把地面收拾干净，也希望你下次拿碗盘时慢一些。"

3. 为自己的行为负责。让孩子为自己的错误承担责任，是避免以后出现类似问题的关键。比如，孩子把书撕烂了，搞得满地碎纸，家长就要让孩子自己把地面打扫干净。

互敬互爱，健康成长
——孩子也有妒忌心

太太一直教育戈凯汝，对父母、老人和成年人都要尊敬。而培养孩子对人尊敬的修养要从父母自身做起。

每年我和太太都会给戈凯汝写一张生日卡，上面记录着一年间孩子身上发生的重要事情，也包括成长中遇到的问题和生活中发生的特别有意义的小片段。正是因为我们的这个做法，培养了戈凯汝对父母同样的做法。戈凯汝从会作画和写字开始，每到一些重要的日子，如我们的生日、圣诞节、春节等，就会送给我和太太一张用心制作的贺卡。我们发现，戈凯汝在卡片中写的文字并不多。但无论是什么卡片，戈凯汝都还会用一张白纸在上面画上各种要表达的思想和内容，然后再添上必要的文字。这张精心设计和画满了戈凯汝想法的纸会成为卡片的一部分。这也许就是戈凯汝未来走上艺术之路的起点吧！

教育方式的不同，决定了每个孩子为人处世态度的不同。

在加拿大读书时，戈凯汝结识了很多好朋友，只要有机会，大家就在一起玩。有一次，我们约了戈凯汝的一个同学先来家里，然后一起出门玩。

对同学的到来，戈凯汝很期待。她在家里等着，不仅准备好了小书包，还选了一件漂亮的衣服穿上。这件衣服是在迪斯尼专卖店买的，淡紫色，毛茸茸的，跟毛皮大衣一样，上面还印有迪斯尼卡通人物。

没过多长时间，那位小同学就来到了我们家。但是，进门后，看到戈凯汝穿的衣服，那个同学突然变得很不高兴。太太发现后便问她，你为什么不高兴呀？那位同学直截了当地说，她不愿意看到戈凯汝穿这件衣服。太太有点纳闷儿，追着问，为什么？小同学说，因为她看起来比自己穿得更漂亮。

太太一下愣住了。这种现象有可能会发生在大人之间，也就是所谓的妒忌心，但没想到也会发生在这么小的孩子身上。

为了不影响孩子出去活动，太太就问女儿能不能换一件衣服。

戈凯汝的思想没那么复杂，比较单纯，二话没说就把衣服换掉了。之后，大家一起出门。

这个例子告诉我们，孩子其实也有妒忌心。

受认知水平的限制，一个孩子有时会在其他孩子拥有而自己却没有同样东西的时候，产生一种由羡慕转化为妒忌的心理，这是一种正常现象。父母平时要多和孩子接触，了解孩子妒忌的直接原因。比如，其他孩子会唱一首他不会唱的歌，拥有一辆新玩具车，成绩较好受到老师和家长的表扬等。只有了解孩子妒忌的原因，才能化解孩子的妒忌心理，让孩子坦然面对自己的不足或欠缺。

生活中，孩子妒忌的范围很广，表现形式也多种多样，归纳起来主要有如下几种情形：

1. 不能容忍身边亲近的大人疼爱别的孩子。孩子最初的妒忌总是与亲近的人有关，看到父母疼爱其他孩子，孩子可能会表现出不满、哭闹、反叛等。为了引起大人的注意，有的孩子甚至会做出一些逆反的行为。

2. 对获得父母或老师表扬的孩子怀有敌对情绪。看到其他孩子受到家长、老师的表扬，有些孩子就会不高兴、不服气，认为自己不比对方差；有的孩子甚至还会当面揭发受表扬孩子的缺点或不足之处，或者说一些与其他孩子受表扬无任何关联的事，如"他爸是个送外卖的"等。

3. 排斥不和自己共享的伙伴。一般情况下，孩子都喜欢跟拥有很多玩具、零食的同伴一起玩，因为他可以从中得到益处。当同伴不将自己的东西与他分享时，他往往就会表现出妒忌情绪。比如，损害同伴的玩具、远离同伴等。

孩子出现了妒忌心理，父母应该怎么做？

首先，倾听孩子的心理感受，疏导孩子的情绪。孩子的妒忌是直观的、真实的、自然的，不像成人的妒忌心理那样掺杂诸多的社会因素。孩子的妒忌心理是孩子因自己的愿望不能实现而产生的一种本能反应。因此，不要简单地对孩子的妒忌行为进行批评，而要耐心倾听孩子的苦恼，理解他们无法实现自己的愿望所产生的苦恼情绪，让他们将这种不满情绪宣泄出来。

其次，帮助孩子正确分析与他人产生差距的原因。孩子的思维方式主要以具体形象思维为主，通常都不具备对事物进行全面分析的能力，只会将自己的妒忌简单地归责于自己或妒忌的对象，而不会考虑其他因素。因此，父母应帮助孩子分析造成他们和他们的妒忌对象之间差距的原因，看看这些差距能否缩短，探究缩短差距的途径和方法，让孩子能够正确地与他人进行比较，以积极的方式缩短实际存在的差距，化解内心的不平衡。

再次，培养孩子养成豁达乐观的性格。要让孩子懂得，各人都有各人的优势和长处，各人也都有各人的劣势和短处，一个人在任何方面都比别人强是不可能的，也没有必要。家长可以引导孩子充分发挥自己的长处，扬长避短，在生活和学习中正视和欣赏别人的优势与长处，学习和借鉴别人的优势与长处，弥补自己的不足，赢得别人对自己的赞赏。

最后，不要给孩子太多的赞美。在教育孩子的过程中，家长不能过度赞美孩子，不能一直给他戴高帽子，更不能老对他说：你有超能力，你肯定能超越别人等。家长应该让孩子知道前面的路会有很多曲折，鼓励他去努力，并且告诉他，他不是天下无敌的，要与优秀者同行……

直到现在，我们还会告诉戈凯汝：在你的面前有很多高山需要攀登，有很多道路需要跋涉，有很多优秀者在发奋前行，你要面对很多困难，有些困难甚至是没有遇见过的，你需要扛得住并坦然面对。

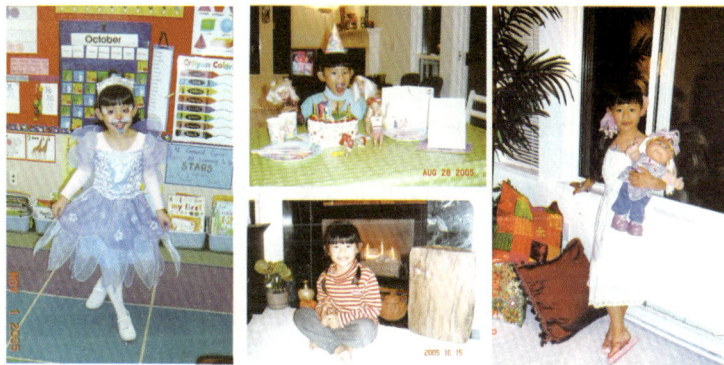

孩子不想学了
——吵闹，也是孩子表达意见的一种方式

下午 3 点放学后，家长们大多会给孩子安排各类课外活动。跟国内不同的是，国外的课外活动偏向于体育运动类和艺术类，目的是释放孩子的天性，充分开发他们的潜力。戈凯汝在幼年时期就表现出对音乐和运动的偏好，为了开发她的潜力，太太鼓励她多接触艺术，多参加运动课程。

每天下午 3 点，太太都会在学校门口等戈凯汝，并为她提前准备好点心或戈凯汝特别喜欢的加州卷。加州卷是一种寿司，戈凯汝每次都能吃满满一盒，因为食材太新鲜了。

坐在车里吃完点心，太太就会带戈凯汝去上钢琴课。戈凯汝上课，太太就在旁边等着，当然如果愿意，她也可以跟戈凯汝一起上课。上完钢琴课，太太就会带戈凯汝前往另一个地方上课，包括游泳、滑冰等。到了上课地点，太太一般都会立刻返回家里准备晚饭。等到这节课上完，饭也做好了，太太再去接戈凯汝，有时还要送她去上第三节课。戈凯汝上课时，太太就在外面

等着，直到放学……每天重复这个流程，虽然感觉累，但看到孩子一天天成长，太太从未有过怨言，一直坚持着。

上钢琴课时，家长可以旁听，老师也鼓励家长旁听，因为家长学会了，就能更加有效地在家督促和指导孩子练琴。老师在讲台上讲，太太就坐在后面听，有时候听着听着太太竟然睡着了；突然琴声响起，太太会被惊醒，想到回家还要辅导戈凯汝练习，就振作精神继续听课。

学钢琴虽然很苦很累，耗时很长，但戈凯汝依然选择了它，不离不弃，原因就在于她对钢琴有发自内心的兴趣。由此可见兴趣对于孩子有效学习的重要意义。戈凯汝最后能够获得加拿大皇家音乐学院（The Royal Conservatory of Music）的 10 级弹奏证书和音乐史 10 级证书，和她天生喜欢音乐分不开。现在国内教育界在实施"双减"，即"不让孩子在课余上太多的文化课"，我个人认为这确实很有必要。但同时，像音乐和运动等课程，对提升孩子的综合素质有很大的帮助，应该坚持学习。如果在小学阶段孩子什么课外活动都不参加，仅靠课堂上学习，孩子的智力开发就会受到一定的限制。如果家长通过各类活动去刺激孩子，发现和挖掘孩子的兴趣，那么就可以为孩子未来的发展提供更多的选择。

不过，每个孩子的智力发育不同，我们没有必要用统一的模式去规范。家长可以在日常生活中发现孩子的兴趣爱好，然后通过一定的培训和启发，让孩子寻找到适合自己发展的方向。

需要注意的是，课外培训要适度。对于童年的孩子来说，如果每天都花很多时间练琴和运动，确实有些残酷，他们偶尔也会吵闹。吵闹的原因主要是孩子在学校上了一天的文化课，确实有些累了，下课后还要接受课外辅导，孩子难免会有情绪。在这种情况下，就可以让孩子适当休息，吃些点心，孩子的情绪很快就会平复。

有一次，太太让戈凯汝练琴，她不想练，开始哭闹。太太抬手做出想要打她的动作，戈凯汝急忙躲开，太太在后面追赶。戈凯汝身手非常敏捷，太太一边追赶，一边又生气又想笑，觉得戈凯汝蹦来蹦去滑滑的，像个泥鳅。

太太这个年龄的人，肯定不是戈凯汝的"对手"。经过一番追逐，太太只能罢战，戈凯汝也平静下来，于是两人进行沟通。

太太问她："你到底喜不喜欢学习钢琴？"

戈凯汝说："我喜欢，但有点累，想睡一会儿。"

太太这才意识到，戈凯汝之所以会在学习的过程中吵闹，就是想让妈妈明白，她并不是不想学习了，而是想要休息一下。因此，父母有必要调整自己的心态，增加对孩子的认识，客观分析孩子的行为，心态平和地找到解决问题的办法。

孩子在学习成长过程中的哭闹，有以下 4 个处理方法：

1. 正确认识孩子学习成长过程中出现的各种反应。哭闹，是每个孩子都会经历的，他们的眼泪非常丰富，任何一点小情绪都能让他们眼眶通红，泪流不止。父母既要享受孩子的成长带来的快乐，也要接受孩子成长过程中出现的各种问题，并找出应对的方法。

2. 教孩子用正确的方式表达。虽然孩子哭闹是正常现象，但家长有责任和义务教会孩子用正确的方法来表达自己的想法，哭闹并不是达到目的的唯一方法。

3. 树立规则意识。为了让孩子不使用哭闹的方法胁迫别人，家长应该给孩子树立规则意识，让他们懂得在什么情况下哪些事是该做的，哪些事是不该做的。

4. 稳定情绪，稍安勿躁。孩子发脾气时，无论家长是何种性格之人，都要稍安勿躁。孩子的需求十分简单，他们的想法也很直接，只要了解了，对症下药，他们就会安静下来。

漫漫雨夜路
——再辛苦，也要坚持下去

温哥华秋冬的雨水比较多，是加拿大的雨都，当年 10 月末到次年 2 月，平均温度在 0 摄氏度到 5 摄氏度之间，天也黑得比较早。

刚到加拿大，我反对太太学驾驶。尽管这里路况好，路边行人稀少，但车速很快，人生地不熟，万一发生安全问题，我又没在她身边，母女两个就会非常被动。由于戈凯汝每天都要参加各类学习，需要步行过去，有些地方还比较远，但她们都风雨无阻。

天冷的时候，太太和戈凯汝穿着很厚的衣服，手拉着手在大路边上走，前后都没有人，对面的车灯照过来，一辆一辆快速地从两人身边开过，回到家的时候，天都已经黑透了。如果正好碰上下雪，就更难了。太太没有问过那些日子戈凯汝的感想如何，但现在想起当时的情景，太太说自己有一种说不出的感动，感动于戈凯汝的坚强，感动于她俩的坚持。

一次，在放学回家的路上，正赶上下雨，太太和戈凯汝在公路边走着，一个朋友刚好开车经过看到了她们。由于车辆多，车速快，无法停车。朋友回到家，打电话给太太，感慨地说："你带着孩子在路上走，天还下着大雨，你们真的很坚强！"

太太回答说："这都是我们自己的选择！"

太太后来告诉我，偶尔她也会冒出一个念头，觉得自己是那么的无依无靠，但这样的念头都是昙花一现，很快就过去了。因为太太知道，任何事情都会遇到困难，自己只有这样走下去，不放弃，才能取得成功。为自己的放弃找任何借口和理由都是没有意义的。

转眼就到了夏天。温哥华的夏天气温不高，但阳光强烈，辐射很厉害。另外，随着戈凯汝的成长，她的涉猎面不断拓宽，需要去更多的地方参加学习和活动，而这些地方没有车根本没办法去，于是，太太就萌生了考驾驶执照的想法。

心理学认为，一个具有心理韧性的人，不但可以从压力性情境导致的负面情绪中恢复过来，实现逆转，还能在持续的压力中保持良好的心理状态，拥有更强大的发展力量，更容易取得成功。

戈凯汝的钢琴学习和考级持续了很多年。如果她一直待在加拿大，其实不需要那么长的时间。因为后来回国了，就暂停了一两年。但这期间，每当需要参加考前培训和考试时，太太和戈凯汝都会专程飞到加拿大。

戈凯汝的钢琴老师来自当地的一家音乐机构，名叫安妮（Annie Cheung），祖籍是中国香港。这名安妮老师除了教戈凯汝钢琴弹奏技巧外，还教戈凯汝乐理知识。要想拿到加拿大皇家音乐学院的 10 级证书，不仅要过弹奏关，还要通过高级历史、高级乐理等考试。后来戈凯汝和我们一起回到上海后，就失去了这种教学条件，要通过 10 级证书考试，只能靠自学，难度可想而知。

为此，我们反复征求戈凯汝的意见。我们告诉她，你可以学习新的特长，只要喜欢就行；你如果选择放弃进一步的钢琴学习，我们完全理解。我们问她，你想放弃吗？她说，不想。就这样，一年又一年，戈凯汝不断自学，不断飞赴温哥华。这个过程一言难尽，考验的不仅是孩子，还有我们。现在，每当我听到戈凯汝的钢琴房里传来行云流水般的琴声时，我都能感受到坚持的意义和力量。

现实中，同样在不利环境中长大，为什么有的人备受精神困扰，有的人却在逆境中重生，在不同领域取得了令人瞩目的成就？明明遭遇相似，为什么最终的发展会有如此大的不同？答案就是心理韧性。简单理解就是，每个个体就像是一个弹簧——具备高韧性的个体，能在受到外部的压力之后很快恢复原状，遇到问题不轻言放弃，能坚持到底；心理韧性低的孩子则相反。

因此，对于孩子来说，有必要提高其心理韧性。那么，如何对孩子进行引导呢？我的理解是：

首先，拥有正向构建的态度。每遇到一件事情，孩子们往往都会产生对应的情绪，该情绪包含了他们对这件事情的内在认识。如果这种内在认识是负面的，孩子就容易陷入反刍思维，负面的情绪就会被不断放大。此时，家长要识别孩子情绪行为的异常，发现这种异常所隐藏的危机，重视对他们的心理疏导，引导他们学会调节情绪，尝试"反驳"自己的内在认识，建立一个新的认识，改善自己的不良情绪。

其次，耐心导航，产生共鸣。在孩子的心底埋下永不言弃的信念，当面对压力或危机时，孩子就能表现出心理稳定、健康的应对策略。比如，可以带着孩子阅读国内外名人的传记故事，让孩子知道每个人的成功都不是一帆风顺的，需要经历艰苦的打磨。同时，在家庭活动中，可以带着孩子一起接受挑战，解决困难，让孩子相信生活和书本上的故事是一样的，只要勇敢面对，就能有意想不到的收获。

再次，放手，给予孩子试错的机会。在精心呵护中长大的孩子，往往耐不住风浪和挫折，适度地让孩子体验挫折，让其感受世间的冷暖，就能锻炼他们的心理韧性，促进他们的可持续发展。当然，如果孩子屡次受挫，丧失信心，父母就要及时进行干预。这时候，可以跟孩子聊天，多给他们一些鼓励和理解，让他们恢复信心。当然，父母也可以向专业人士寻求帮助。

最后，增加自我效能感。自我效能感是指孩子对自己是否有能力完成某一行为所进行的推测和判断。孩子失败越多，自我效能感就越低，自信心就会下降，就越容易被困难打倒，继而陷入恶性循环。因此，为了提高孩子的自我效能感，可以特意创造一些任务让孩子顺利完成，由易到难，由小任务到大任务，让孩子慢慢积累成功经验，增强信心，孩子就能具备越来越多的弹性和韧劲，今后面对类似的困难时，就会乐观和自信。

考驾照时的发现
——其实，孩子很强大

刚到加拿大时，太太不会驾驶，不管去哪里，太太和戈凯汝基本都是步行，我美其名曰"锻炼身体"。但是理想很丰满，现实很骨感！仅凭两条腿，并不能到达很多想去的地方，几个月后，太太瞒着我报名参加了驾驶训练。

经过一个阶段的辛苦学习，太太凭着一股韧劲，最终拿到了当地的驾驶执照。

在此过程中，太太经受了很多压力。温哥华的驾照是出了名的难考。当地移民较多，因为很多人在原来的国家养成了不良驾驶习惯，这和温哥华当地严格的交规要求不符，考试时给考官们留下了不好的印象。因此，他们往往对移民考生特别挑剔。据说，有国内的老司机连续考了十几次，都不让通过。为了顺利拿到驾照，太太请了一位当地教练，一个小时25加元。但可能因为太太是一张白纸，从零开始学习，学满一定的课时后，教练居然很快就给太太安排了考试。

考试那天，太太非常紧张，结果没通过。事后，太太了解到是因为自己靠边停车的动作没做到位。加拿大交规规定，靠边停车，车轮离路肩的距离必须在30厘米以内，太太超过了30厘米，自然就不能过。

当时正好赶上戈凯汝放暑假，于是，太太决定利用好这个假期再好好练一下车，争取第二次考试能够通过。太太那个时候已经基本掌握了驾驶技术，只要副驾驶上坐的家人或朋友有驾驶执照，就可以在马路上练车。

那个时候我也刚好回加拿大探亲，看到太太学驾驶进展顺利，也就不再坚持不让她开车的意见。因为我有美国、中国内地和中国香港的驾照，因此就义不容辞地承担了陪太太练车的任务。每次练车，我们就会全家出动。戈凯汝不能一个人在家，只能坐在后排座上，我坐在副驾驶座上。有一天，为了练某个动作，太太一股劲地折腾了两个小时。结束后，戈凯汝灰着脸说："我和爸爸在车上陪你两个小时，你不停地踩刹车，一刹车车就震，震得太多了，我的胃不舒服，几乎都想吐了。"

这件事让我对戈凯汝有了新的认识。一个 5 岁的孩子坐在车上，虽然感觉极不舒服，却能够一声不吭地坚持下来，实在不容易。

我慢慢发现，戈凯汝确实是一个内心强大的孩子。其实有时我也晕车，晕车的感觉是非常难受的，而她能坚持下来，可见毅力强大。戈凯汝内心强大的原因是什么呢？

我想，除了天性之外，在戈凯汝的成长过程中，我们平时很少给她过度的褒赞，这对她坚强性格的形成有帮助。如果她确实做得不错，我们也会适当给予鼓励，但绝不会给她戴高帽子，夸她"你是最棒的"之类。我们经常跟她说："你虽然进步了，但并不是最厉害的，要知道，只要走出家门，就会看到很多强者走在你的前面。一定要记住，你有很大概率不是那个最好、最强大的人，因此要学会忍受困难、委屈和挑战。"即使是到了今天，我们依然会这样提醒她。

经过一段时间的练习，太太的驾驶技巧有了很大提升。在我飞回上海不久，她也迎来了第二次驾驶执照考试。这次考试很顺利，即使是一些细微动作要求，太太也做得特别到位，顺利拿到了梦寐以求的加拿大驾驶执照，这也给戈凯汝在温哥华的生活和学习带来了很多方便。尽管有了驾照，我依然不放心太太开车，特别是上高速。第一，一旦发生了交通事故，她就无法接送戈凯汝上下学了。第二，她一个人带着戈凯汝在国外生活，首先要保证自己的健康和安全，同时还要保证戈凯汝的身体健康和安全。无论哪方面出了问题，都是不能承受的。因此，即使太太有了驾照，我还是不断提醒她要注意安全，减少外出，减少发生事故的概率。

太太也想出了一个保证安全的办法。太太试着跟教练沟通，在未来的一段时间，她仍然给教练每小时 25 加元，不管去哪里，先由教练陪着，继续指导驾驶。教练欣然接受了这份工作。

经过一段时间的适应，太太逐渐增强了自信，我也慢慢地接受了太太每天开车接送戈凯汝参加各类丰富多彩的课外活动的事实。

学游泳
——鼓励孩子学游泳

游泳是一项技能运动，能够有效提高心肺功能，让孩子拥有健康的体魄。另外，游泳还可以调节不良情绪。现代人承受着各方面的压力，大多数时间或坐在教室里上课，或坐在办公室里工作，或宅在家里看视频看朋友圈，运动的时间很少，这对身心健康很不利。由此，让孩子从小就养成运动习惯，无论是对他们的成长，还是对未来的生活和工作都大有裨益。而且，万一遇到溺水危险时，还能自救、救人，一举多得。

我们给戈凯汝报了游泳课，这也是当地政府资助的一门课程。教练经过专业的培训，能对孩子进行规范、专业的指导。给孩子们上游泳课时，教练会循序渐进地进行。一开始，戈凯汝和大多数孩子一样，非常怕水，每次练习下来，人也很疲惫。有些家长特别心疼孩子，在孩子的哭闹之下，就放弃了让孩子学习。其实，只要家长坚持让孩子经历学习游泳的各个过程，孩子就能很快了解不同泳姿的动作要领，掌握跳水、潜水等技能，并且爱上这项有益身心健康的运动。

怎样让孩子学习游泳，有以下4点可以参考：

1. 让孩子爱上戏水。现代科学认为，生命起源于海洋，水是一切生命的源泉。在娘胎里时，宝宝就泡在羊水里，对水有天然的爱意。但是，并不是每个人出生后都喜欢水，很多孩子第一次下水时，都会感到紧张、恐惧等。因此，要想让孩子学游泳，首先就要让他们喜欢上水，教他们敢于在水里玩。孩子第一次下水时就教他学游泳，只能增加孩子对水的恐惧感，让他们失去对水的热情。

2. 让孩子自由玩水。孩子经过第一关后（通常是1~3天），就会渐渐地对水产生兴趣。这时，要让他们肆意玩水，不要干涉他们玩水的方式，只要注意安全就行了。而且，也不必在这个阶段就教他们学游泳，否则会干扰他们的兴趣，不利于下一步的学习。

3. 让孩子乱游。教孩子学游泳，一开始不要在姿势上过于强求，要允许他们以自己最喜欢的方式游，鼓励他们充分地体验游泳的乐趣，增加他们的自信心。

4. 正式教游泳。当孩子以自己的方式体验游泳，在乱游中找到乐趣后，就可以开始正式教他们游泳了。通常，只要经过10个课时的学习，他们就能掌握游泳技巧。

滑冰、滑雪、高尔夫球和网球
——减少标准的要求，让孩子自由玩

在北美地区，冰上运动是非常流行的项目，当地人都喜欢滑冰、滑雪。我们给戈凯汝报了滑冰课程，一开始，在政府开设的一个公众滑冰场室内学习。

由于滑冰是一项考验孩子速度、协调、平衡、柔韧、力量、耐力和优美等综合协调能力的运动，加上它又是一项有风险的运动，如果孩子没有掌握基本的技能，运动中就很容易发生危险。因此，这门课的课程要求非常严格。如要想通过考试拿到相关级别证书，就要满足很多具体的动作要求，不是随便学一学就行的，因此很少有孩子能拿到高级别的证书。其实有了证书，也只能证明孩子具备了一定级别的能力，符合了更高的安全要求，仅此而已。

培养戈凯汝滑冰，我们并不期望她能够考过多少级，只是出于对她体能的锻炼和身体协调能力的培养，同时，让她在未来能够有更多的机会去亲近大自然。

戈凯汝开始学滑冰的时候才五六岁。年龄较小，能够让她较容易地保持身体的平衡，更好地做滑行的动作，这让她体验到了飞一样的感觉。滑行中，她的胆量不断增强。最终，戈凯汝顺利通过了滑冰一级的考试，确实非常不容易。

除了滑冰，我们还鼓励戈凯汝体验打高尔夫球和网球，从体验中发现戈凯汝的运动特长。高尔夫球和网球运动在北美非常风靡，我们生活的社区边上就有个一流的室内网球场和高尔夫球场，可以充分利用场地优势。

周末时，太太就会带着戈凯汝去学习高尔夫球和网球课程。同样，对于这两项活动，我们完全尊重戈凯汝的喜好，没有规定她要学多长时间，达到哪个标准，只要她喜欢，能投入进去，享受过程、得到锻炼就行了。

在培养戈凯汝运动的过程中，我们深深体会到，运动对孩子的身心发展有重大帮助。首先，孩子通过运动可以享受生活与学习的乐趣，增强身体素质；其次，体育运动可以锻炼人的意志，缓解学习压力；最后，体育运动还可以开发孩子的大脑，让孩子建立思维空间，提高孩子的反应能力。

在国内，很多孩子参加体育运动的机会不多，大部分校内外时间都被基础学科的学业挤占，孩子们仅靠学校的体育课得到的锻炼无法让他们真正体验到运动的乐趣，更无法让他们获得提升身体素质的机会。

那么父母应该如何指导孩子参加体育运动呢？

1. 给孩子选择适合的运动项目。父母可以根据孩子的年龄、身心特点来选择对应的运动项目。比如，跑步、跳绳、俯卧撑、仰卧起坐、篮球、游泳等，并把握好运动强度和时间，循序渐进，让孩子通过努力来实现目标，提高孩子运动的自信心。如果条件允许，父母还可以带孩子到少儿体育馆等专业的运动场所，找专业的老师指导，跟着团队一起运动，这样更容易取得好的效果。此外，父母还可以和专业老师一起给孩子制订科学化的运动计划。

2. 不同阶段，选择不同的项目。小学阶段的孩子重在培养兴趣。比如，孩子喜欢游泳，就培养他学游泳，满足他的好奇心与积极性。初中阶段，要培养孩子的体育素养。比如，专业的运动理论知识、健身知识、体育安全知识等。高中阶段，特别是有体育特长的，或将来想从事体育工作的孩子，就要培训他们的体育专业技术了。

3. 做到运动和学习两不误。孩子到了 12 岁后，身体激素水平会突然提高，容易变得好斗或易怒，多运动，能让孩子排解过剩的精力。即使这个阶段的孩子作业很繁重，父母也要帮助孩子科学地安排运动时间。同时，要充分利用碎片时间让孩子做些简单的动作。比如，只简单地做几组开合跳或俯卧撑，就能让孩子感到神清气爽。当然，无论文化学习，还是体育运动，都不能急于求成。

绘画学习
——不要约束孩子，让他们自由想象和发挥

戈凯汝从小就喜欢用绘画来表达自己的想法。放学回到家，她就会拿一张白纸，发挥自己的想象力，在上面自由地画画。为了给她创造条件，我们给她购买了各类彩笔和颜料。

进入小学后，戈凯汝对画画的兴趣更强烈了。只要学校、班级举办绘画作品展，她都会参加，她的作品往往别出心裁，凸显她自由的个性。

确实，小学低年级时期，孩子的悟性都非常高，心灵自由，想法天马行空，思维不受限制，是培养观察力和想象力的重要阶段。此时，家长应该允许和鼓励孩子进行创造，不设定太多的应该和不应该，不强调太多的正确与错误，不给孩子灌输太多的经验和知识，不去伤害他们的想象力，积极为孩子的发展提供适宜的空间和条件。

在这个阶段，我们并没有为戈凯汝规划未来。我们知道，如果把我们成人总结出的经验强加给孩子，就会限制她的发展空间，影响她天性的发挥。而且，我们也没有逼迫她一定要学好哪门学科，只是尽量让她感受大自然的丰富多彩，接触不同的环境，再结合她自己的想法，展现她自己的能力。而绘画正是她在这个过程中体现出来的兴趣和能力。

爱因斯坦说："想象力比知识更重要，因为知识是有限的，而想象力概括着世界上的一切。"孩子的潜能是无限的，而这种无限的潜能需要通过想象力发挥出来。想象力的作用及提高有以下6点：

1.想象力可以提高孩子的智商。研究发现，人类神经连接的数量，在9岁时可以达到顶峰。之后，大脑开始整合，神经连接的数量开始下降，连接得不好的和少用的神经连接就会逐渐消失，直到 12 岁左右完成整合。此后，除非接受特别的脑力训练，否则一生的神经连接都会大致停留在这一水平。想象力越丰富的孩子，其神经连接越多。原先的神经连接越庞大，之后形成的稳定结构就越强大。换句话说，孩童时期的想象力，很大程度上决定了成年后的思维水平或聪明程度。

2. 想象力让孩子的内心丰盈。没有想象力，孩子就如井底之蛙，只能以井口丈量天地之大。想象力丰富的孩子知道世界存在更多的可能性，面对同一个问题，他们总能提出不同的解决方案。想象力丰富的孩子，内心也是丰盈的，异想天开的假想，能让他们更好地学习和理解现实世界。

3. 想象力让孩子飞得更高。想象力是人生智慧的翅膀，可以使孩子冲出狭窄的生活空间，认识更广阔的世界，超越时间和空间的限制，进而丰富他们的经历，增长他们的见识。当孩子插上想象力的翅膀时，就能飞得更高、更远，创造更多的价值。因此，培养孩子的想象力，比给他积攒百万家私更为重要。

4. 让孩子少玩电子产品。随着电子产品的普及，不仅成年人被手机、电脑"绑架"，不少孩子也成了电子产品的忠实粉丝。孩子的天性本是活泼好动的，但因为电子产品的诱惑，结果变成了一个安静的小大人。孩子抱着手机玩游戏、看动画片，一玩就是一天，不仅严重损害孩子的身体健康，还阻碍了孩子想象力的发展。

想象力是建立在实践基础上的，没有活动实践，就会失去发展想象力的机会，因此父母一定要严格限制孩子玩电子产品的时间。

5. 鼓励孩子讲故事。不要总是父母给孩子讲睡前故事，为了锻炼孩子的想象力，完全可以反过来让孩子给自己讲故事。这并不是让孩子复述童话书上的故事，而是让他自己编故事。家长可以让孩子想象一个场景，假设几个人物，然后编出人物间的对白，可以想到什么就说什么，父母也可以扮演其中的角色，跟孩子对话。

6. 多引导孩子进行思考。要通过反问来引导孩子思考，有思考就会有想象，就能锻炼孩子的想象力。平时父母也可以主动向孩子提出问题或讲个脑筋急转弯，引导孩子动脑。如有条件，父母还可以多带孩子去旅游，读万卷书的同时，行万里路，多看看大自然的风景，开阔视野，培养孩子的想象力。

戈凯汝的日常节约
——保护环境和节约资源

加拿大自然资源丰富，森林、淡水、矿产等资源都位列各国前列。尽管如此，加拿大国民的资源和环境保护意识仍然非常强烈，在幼儿园和小学阶段，学校都开设有资源保护相关的课程，戈凯汝深受影响。戈凯汝极强的资源和环境保护意识、良好的节约习惯，和她的教育经历密不可分。

有一次，太太在卫生间洗完手后准备刷牙，因此水开得比较大，这被刚上小学一年级的戈凯汝看到了，她立刻跑过来，把水龙头关上，并说："妈妈，你这样太浪费水了。"太太很惊讶地说："这不是很正常吗？妈妈洗手，当然要将水开大些啊！你为什么会有这样的想法？"戈凯汝理直气壮地说："这是老师教的，我们平时要节约用水，要节约大自然的资源。"

除了节约用水，戈凯汝在日常生活的其他方面也有很多意外之举。比如，只要她发现没人的房间灯忘关了，都会主动走过去把灯关掉，还会告诉我们要节约用电，节约能源，保护地球。平时我们很少把"节约"两个字挂在嘴上，家里吃的用的都不缺，但戈凯汝从不大手大脚挥霍浪费，包括去超市买东西，她都会关注哪些商品减价了或打折了，只要不过保质期，她就会放进购物筐。戈凯汝独自在香港生活时，也是如此。超市下班的时候，有些商品因为快到保质期了，就会打折，她会选择那个时间去超市购买。她认为，如果让这些东西过了保值期，然后被当成垃圾扔掉，那是浪费。

戈凯汝的绘画作品里也融合了环保和节约的理念，很多作品都直接以"保护地球""保护资源"为主题。记得戈凯汝申请艺术院校，申请书里有这样一个问题：未来你在职业方面希望干什么？你为什么觉得学艺术对未来的职业有帮助？她是这样回答的："我希望让看到我的作品的人都能理解到环境和资源保护的价值，希望通过自己的能力来保护环境、节约资源，唤醒和培养人们可持续发展的意识。"

得益于良好的素质教育，戈凯汝能用自己的言行告诉别人，为了人类的延续和发展，每个人都应该保护大自然。她有这种节约的意识和日常的习惯，让我们感到非常欣慰。

很多时候，为了将孩子培养好，父母绞尽脑汁了解孩子的个性和兴趣，却忽视了对孩子节约资源、爱护环境等基本素质的培养。即使偶尔轻描淡写地叮嘱孩子要节约水电，保护花花草草，但也很少帮助孩子养成这样的良好习惯并一以贯之地践行。尤其是在物质生活充盈的当下，很多父母都会尽量满足孩子的各种物质需求。殊不知，孩子从小生活在衣食无忧的环境中，很难体会到父母赚钱的辛苦，不会合理使用物资与金钱。长此以往，孩子还会养成攀比和虚荣的坏习惯。因此，父母非常有必要让孩子多多接触保护环境和资源的学习机会，教育孩子保持勤俭节约的生活作风，从节约一粒米、一滴水、一度电、一支笔做起。此外，父母还有必要做到以下几个方面：

1.建立规范，认真贯彻。勤俭节约是一种良好的行为习惯，孩子一般都很难主动做到，因此父母应该将其细化到日常行为规范中，督促孩子坚持贯彻，逐步养成勤俭节约的好习惯。对于不同年龄段的孩子，勤俭节约的培养重点是不同的，与其相对应的行为规范也不一样。比如，3岁的孩子，年龄小，各方面能力都比较弱，重点应放在"节约"上，引导孩子从小事做起，如进餐时不挑食，不剩饭菜；洗手时不玩水；爱护公物等。4岁的孩子，动手能力明显增强，要培养他们不拖拉桌椅，保护花草树木，参加力所能及的环保活动等。5岁的孩子，经过两年的幼儿园生活和学习，各方面能力都有所提高，对集体、社会的关注也会越来越多，这时，除了巩固前两个阶段的内容外，还应该让他们将勤俭节约的习惯延伸到班级集体和家庭中。比如，告诉爸妈、同学洗完手及时把水龙头关紧，用完电灯记得关灯，看完电视、用完电脑就要关掉电源，上街如果距离近就尽量步行，等等。

2. 抓住契机进行教育。在生活或学习的点滴中，家长要做个有心人，抓住每一次教育契机，巩固孩子的节俭意识，使节约逐步成为孩子自觉的行为习惯。但勤俭节约的良好习惯也不是一朝一夕就能养成的，而且孩子年龄小，行为反复多变，对于他们的行为表现，家长要及时做出反馈。

3. 借助媒介引导孩子。小学低年级的孩子理解能力还不强，父母应该针对孩子的年龄特点，借助他们感兴趣的事物，如儿歌、故事、游戏等，从正面引导他们养成节约的良好习惯。比如，教他们如何正确洗手，配上儿歌《洗手歌》："拧开龙头冲冲冲，擦擦肥皂搓一搓。搓搓手心和手背，换只小手再搓搓。冲冲冲，冲手心，冲冲冲，冲手背。关上龙头甩三下，擦干手心和手背，小手洗得真干净。"孩子一边背儿歌，一边洗手，背完了，手也洗干净了，不仅可以控制他们洗手的时间，还能潜移默化地培养他们节约用水的好习惯。

4. 身体力行，做好表率。父母是孩子的第一任老师，为了给孩子正确的引导，在生活中，父母也要注重节约，为孩子做表率。另外，父母还要加强和老师的交流，针对孩子在学校的表现互换意见，达到家校共育的目的。

女儿送给我们的小礼物
——教育的核心就是传递爱

教育的本质，就是学会爱，传递爱！

2001 年 9 月 11 日，戈凯汝刚过 1 周岁生日不久。当天晚上，女儿已经在香港的家里睡了，我和太太正在客厅里看电视，突然电视的正常播出中断，取而代之的是一段让人难以忘记的场景——两架客机在恐怖分子的劫持下，直接冲向了美国纽约的世贸大厦，纽约曼哈顿上空冒出滚滚浓烟。

事后，画面不断重复，人人都在问，发生了什么事情？这到底是为什么？我们的内心也受到极大的震动，一下子意识到，其实这个世界并不和平。而作为父母，肩负着保护孩子安全和培养孩子善良、友爱的重大责任。我和太太下意识地来到戈凯汝的卧室，看到女儿安静地熟睡着，在稍稍感到安慰的同时，我和太太决定，一定要花更多的精力，让戈凯汝在充满爱的环境中成长，并学会爱，传递爱。我们要努力把她培养成一个热爱国家、关心社会的正直善良的人，让她用爱的力量去感染身边的每一个人。

戈凯汝出生于中国香港，3 岁前在当地接受教育；2003 年回到上海，进入全英语学前班；之后去了加拿大学习和生活；2009 年回国之后，我们将她送进西华国际学校，后来又考入上海美国学校。戈凯汝在西方文化背景里接受教育，成长很快，但她对中国内地的情况不太了解，一开始我们还有些担心，但她却时常给我们带来惊喜。3 岁的时候，从幼儿园回来，她给我们唱了一首从幼儿园学到的中文歌曲，居然是我们中国的国歌，唱得还有腔有调，我和太太欣喜不已。戈凯汝渐渐长大后，虽然学校都是英文教学，对中文和中国文化的了解、学习没有太高的要求，但她还是花了大量业余时间学习中文，并积极参与到各类公益和社会活动中去。我们也始终让她记住自己是中国人，一定要爱国。

培养孩子的爱心，除了对祖国的爱，还包括对周边人的爱，对家人的爱，对父母的爱。这需要从日常的点滴做起，耳濡目染，孩子的内心就会发生变化。

2008 年 8 月戈凯汝放暑假，太太带着她从温哥华回到北京看望我并观看奥运会比赛。一天晚上，我陪戈凯汝去逛北京朝阳区的天街。因为家里还有事情，太太就没去。回来时，戈凯汝居然给妈妈带回一个礼物。

我告诉太太，在逛街时，戈凯汝看到很多小玩具、小礼物，她都没有要我给她买。她一直四处张望着，仿佛在寻找什么。终于，她向一个售卖木制小摆件的摊位走了过去。走到摊位前，她的目光停留在了一个小摆件上。这个小摆件是两只可爱的猫，悠闲地坐在一根悬空着的横木上。

戈凯汝说："爸爸，你能不能帮我买这个？"

我问："你买这个干什么？又不好玩。"

"你看它们多开心啊！我想买了送给妈妈，她看见了一定会喜欢的。"戈凯汝轻轻地说。

那一刻，我差点流下眼泪。我突然意识到，孩子长大了，会爱父母了，而且，她还知道妈妈喜欢什么！小时候，她会要玩具，要好吃的，买书等，这些东西都是她自己的需求，但这次她却想到了妈妈。这个小摆件虽然价值有限，甚至还显得有点朴拙，但却成了太太的至爱，再没离开过太太的书桌。

另外一次，戈凯汝跟太太出去玩，也精心为我挑选了一个真皮手工制的日记本，我一直没舍得用，到现在还保存着。

第三部分

2009—2014年 上海

4~8年级

参加公益慈善活动
——鼓励孩子献爱心

2009年1月，经过近4年的生活和学习，女儿渐渐长大，原定的学习目标也完成了，太太和女儿开始着手准备回上海了。在她们离开温哥华之前，当地下了一场大雪，雪几乎没膝，这样的大雪在当地很罕见。温哥华靠近西海岸，虽然地理纬度较高，接近北纬50度，相当于中国黑龙江省哈尔滨市以北500多公里的黑河市的位置，但由于巨大的北太平洋暖流沿着加拿大西海岸北上，给当地冬季带来了温和湿润的气候，很少下大雪。这场大雪让母女俩感受了北美大雪纷飞的景象，但也让她们更加思念在千里之外的充满温馨的上海和家人。近4年的时间让她们对温哥华这座城市产生了感情。但是，上海这座城市和上海的家这时对她们的吸引力远比温哥华大得多。

终于可以回家了！行李很多，有些是在加拿大使用过的日用品，但更多的是戈凯汝的书，几乎占了全部行李的三分之一。戈凯汝从小就喜欢读书，我们给她买了很多。太太试图说服戈凯汝放弃一些已经看过的书，但戈凯汝依依不舍。最后，太太还是决定把这些书全部运回上海。虽然增添了很多麻烦，而且费用不菲，但这些书见证了孩子的成长，从内心讲，太太也不愿意把它们扔了。

戈凯汝和太太离开加拿大前的那个春节是2009年的1月26日，我因为要在上海坚守工作岗位，有重要的项目要跟进，另外，考虑节后不久我就要去接她们回国，于是我决定不去加拿大过春节了。加拿大本地没有春节假期，当地华人虽然过春节，但毕竟是小众节日，各家都忙着自己的事情，没有气氛。

除夕日，母女俩没跟其他朋友一起过，白天安安静静地待在家里。直到晚上，太太选择了一家华人餐厅，点了几道戈凯汝喜欢吃的菜肴。太太后来跟我说，印象中，这是她所过的最孤独的一个春节，但也是最充满期待的一个春节。一想到戈凯汝和自己很快就要离开温哥华回上海了，内心就感到非常兴奋。

2009年2月中旬，母女俩回到了上海。整个寒假，我们都待在一起，家里充满了温馨的气氛。在她们回上海前，我已经为戈凯汝申请了离家步行仅有七八分钟路程的西华国际学校，并把所有的申请材料提交学校审核。3月份，学校开学了，经过面试，戈凯汝顺利入学。

按照我们的计划，1~3年级，我们会让戈凯汝尽量多地接近大自然，参加各种艺术类、体育类的活动；3 年级之后，戈凯汝可以逐渐减少这类趣味性的活动，多关注课本上的内容，多参加公益活动。

除了学习知识，我们非常关注对戈凯汝的道德培养。这时戈凯汝的个性已经逐渐成形，她对同学非常友善，亲和力很强，也非常体谅别人的感受，在和同学的交往中，她情愿自己忍让一些、失去一些，也不会和同学斤斤计较。她还有一个特点，就是忍耐力强，从不记仇，即使我们批评她，有时甚至是错怪了她，她也只是暂时不高兴，很快就会恢复过来，性格豁达从容。

西华是一所国际学校，学生来自世界各地。为此，学校会组织各种类型的活动，包括国际节、国际食品节。学校也非常开放，不仅会为社区周围的学校提供帮助，周末还会组织主题不同的慈善活动，包括公益培训班，免费给其他学习条件不太好的学校的学生进行补习等。这时，学校会将校门完全打开，周边学校的家长都可以带孩子来学习……

戈凯汝非常积极地投身到这些活动中，几乎每个周末都能在学校看到她忙碌的身影。在各类活动中，她特别喜欢为周边农民工子弟学校的学生提供帮助，替他们补习英文。虽然牺牲了很多个人时间，尤其是夏天的时候，常常累得汗流浃背，但戈凯汝依然早出晚归，乐此不疲。

持续地参加公益活动，不仅帮助了别人，体现了自己的社会价值，也让戈凯汝自己觉得过得很充实，变得更加自信。在这个过程里，她立志未来会从事更多的公益活动，回报社会，回报学校对她的教育。

公益活动一般包括环境保护、社区服务、公共福利、知识传播、帮助他人、社会援助、社会治安、紧急援助、青年服务、慈善、社团活动等。公益活动是爱心的传递，是希望的启航。

孩子是祖国的未来和希望，培养他们的爱心和奉献观念，可以让幼小、纯洁的心灵自然流露出真善美。参与社会公益活动，不但可以更好地增长孩子的社会经验，培养孩子的奉献精神以及对公益事业的责任感，而且能够增进人与人之间的感情。怎样引导孩子做公益活动呢？可以从下面的3个方面入手：

1. 让孩子接触社会，了解社会。只有多接触社会，孩子才能看到人与人之间的差距，知道还有许多人需要获得别人的帮助，还有许多事需要得到大家的支持。家长可以有意识地引导孩子看相关的电视新闻、书籍、报刊等；带孩子到贫困地区走走看看，让孩子从中受到启迪，懂得奉献自己的爱心，珍惜来之不易的幸福生活。

2. 为孩子参加慈善公益活动创造便利条件。如果条件允许，父母可以带头参加各种慈善公益活动，用自己的实际行动教育孩子。戈凯汝小时候曾经问过我，爸爸为什么要给学校免费讲课而且还捐钱呢？每天这么辛苦地赚钱，不能少辛苦一点、多休息一点吗？每年捐出去这么多钱，不能给自己买点好东西吗？我对戈凯汝说："爸爸能帮助到别人，心里特别高兴啊，这比自己休息和自己享受更让爸爸高兴。"不知不觉中，孩子会被影响，心胸会变得宽广大气。父母有时间的话，完全可以带孩子一起清扫楼道或居住区的公共场所，捡拾草地、公共场所的垃圾，或者跟孩子一起整理家里多余的衣物，把这些物品送到捐赠站给需要的人。

3. 用事迹感染孩子。为了提高孩子对公益事业的认识，家长要给孩子多讲讲社会上助人为乐、热心公益活动的典型人物和事例，用先进人物的事迹感染和教育孩子。

学钢琴的启发
——陪伴孩子，给孩子鼓励和帮助

国际学校一般在课后给学生留的作业不多，孩子的学习压力不大，这也给戈凯汝提供了提升钢琴演奏水平的机会。

钢琴学习讲究延续性，为了保证戈凯汝的钢琴学习不间断，每年太太都会陪她去加拿大考试。暑假期间正是考试的时候，她们乘坐十几个小时的飞机赶到加拿大之后，马上就会联系当地的钢琴老师，做一个多星期的考前辅导练习，每次过去，钢琴老师都会热情地接待她们母女俩。考试当日，太太会开车把戈凯汝送到政府指定的考点。过程中的紧张和辛苦可谓一言难尽。戈凯汝在上海按照考试要求自学和练习，然后不远万里飞到加拿大参加考前练习和最后的考试，只要中间出现一点失误，一年的努力就会付之东流。

这其中有个小插曲令人难忘。一次，在戈凯汝进考场前，太太端着摄像机不停地拍摄，想把她考前和考后的情景保留下来。那时候没有智能手机，太太只能用录像机。

老师点了戈凯汝的名字，戈凯汝便走进考场。太太跟在后面，拍摄了戈凯汝进考场时的画面。进了考场后大门被关起来，琴声传来，于是我太太就将录像机的模式设定为录音状态。

让太太没想到的是，考场有规定，不允许进行录音录像，如有违反，就是严重的违规行为，戈凯汝的考试资格极有可能被取消。但太太当时根本就不知道有这个规定。

就在我太太坐着认真录音的时候，突然，一位在考场外巡视的老师飞奔过来，大声说道："我警告你，马上把录像机关掉！如果不关，我立刻取消她的考试资格！"老师的手指指向考场内的戈凯汝。太太吓了一大跳，冷汗直冒，连忙解释说不知道有这样的规定，并立刻关掉了录像机。

当然，中间也有让戈凯汝和太太特别开心的时候，那就是戈凯汝顺利完成考试，从考场走出来的那一刻！

每次考演奏科目时，太太坐在考场外，都能听到戈凯汝弹奏的声音，虽然声音比较小，但太太几乎熟悉每个曲目。平时戈凯汝练琴时，太太都会旁听，老师是怎么讲的、哪个节点需要用什么样的感情表达……每个环节太太都记得非常清楚，她就是这样陪女儿坚持了15年！戈凯汝弹得是否准确或哪里有不足，每个音节都牵动着太太的神经。

为了戈凯汝，太太确实付出了很多，除了金钱上的付出，更重要的是精神上和时间上的付出。

当然，付出最多的，还是戈凯汝。只有经过长时间的持续苦练，她才能取得加拿大皇家音乐学院钢琴和乐理10级的成绩。

支持孩子
——教育方式不能照搬

4~8年级阶段，孩子的生活几乎完全依赖于家庭，同样在学习的方向、技能的发展方面也很大程度上受父母的影响，因此，这一阶段，家长要多思考、因势利导，要因材施教，鼓励和帮助孩子朝着最适合他成长的方向发展。

在戈凯汝小的时候，我曾经问她，你喜欢学什么？她回答说弹钢琴，也想沿着这条路一直走下去。对于她发自内心的选择，我们给予了坚定的支持。后面一系列的选择也由她自己决定，包括是否考级、回国后是否还要去加拿大的考试……我们只是为她提供财力和物力的支持，并在精神上鼓励她。很多时候，我和太太会直接跟她沟通，了解能为她提供哪些支持，并根据具体情况分析可以支持到哪一步。其实，每年去温哥华考试的开支不是小数目。在加拿大上钢琴课，到了一定级别，学费也非常高，戈凯汝除了要跟教弹奏的老师学习，还需要跟教乐理的老师学习。两个老师分开上课，各自收费。但只要力所能及，我们都全力支持。

关于养育方式，前面说过，我很认同"散养"的说法。但散养也要结合孩子的年龄特点，不能简单复制。孩子在读4~8年级时，如果父母不能陪同前往，那么最好不要将孩子单独送到国外。孩子独自在外或寄宿在别人家里，就无法体会到家庭的温暖，会造成成长的缺失。长大之后，性格就会有所缺陷，甚至影响到正常的个性发展。戈凯汝去加拿大学习，我做了最大的努力，除了让太太陪同外，自己也尽量多地飞到孩子身边，克服了非常多的挑战，精力和财力方面都做了很大的投入。

每个孩子都是独一无二的，他们的相貌、个性、习惯、兴趣、先天禀赋和潜质，以及父母、家庭、成长环境、早期教养等，都与其他孩子有着很大的不同，所以教育方式应该不尽相同，父母千万不要直接套用别人的教育方式，看到别人家的孩子学奥数、学跳芭蕾舞，就想让自家孩子也去学……因为适合别人家孩子的，不一定适合自己家孩子。我们可以借鉴别人的教子经验，学习别人好的观念和方法，却不能照搬照抄，不能盲目地跟风或效仿。否则，只能是事倍功半，不仅浪费时间和精力，有时甚至还会影响了孩子长期的发展，贻害无穷。

即使是同一个孩子，在不同的成长阶段，面对不同的问题或状况，也需要选择不同的教育方法。父母要保持理性和淡定，真正了解自己的孩子，遵循儿童身心发展的规律，根据孩子的兴趣和先天禀赋，给孩子提供最适合的教育和引导。只有适合孩子的，才是最好的。我总结了一下，父母针对孩子的教育问题，需要注意以下几点：

1. 有差异性意识。有句古话说"龙生九子不成龙，各有所好"，尤其是在教育中，父母不能一味地从感性的角度出发，认为自己的孩子是最优秀的，是无所不能的。首先，家长要意识到，孩子是一个独立的个体，需要在后天的学习环境中不断地成长和提升。其次，自己的孩子和其他孩子之间具有差异性，生理基础不同，家庭生活的背景不同，会出现千差万别的情况，教育孩子不能千篇一律。父母要从孩子的个性出发，找到真正适合孩子的方式发展孩子的兴趣，凸显他们的特长，最终塑造个体优势。

2. 熟悉孩子的习性。在家庭生活中，家长最容易了解到孩子的天性。家长要利用各种机会和孩子沟通，充分了解孩子的心理情况，找出他们的能力、特长、兴趣点，然后，再给以耐心细致的引导和支持。孩子喜欢下围棋，家长可以有意识地鼓励，如给他们讲些关于围棋大师的励志故事，在家庭生活中营造围棋的氛围；孩子喜欢唱歌，家里可以经常播放一些适合孩子年龄段的容易让孩子模仿的歌曲。

3. 注重个性化教育。每个家长都期待自己的孩子能够健康成长，能够成龙成凤。看着孩子一天天长大，逐渐习得一技之长，家长的内心是宽慰的。但是，要想激发孩子的天性，挖掘出他们的潜力，使之成为独一无二的个体，家长要有的放矢地开展教育，不能人云亦云；更不能忽视孩子的所长，不能将自家孩子的短处与别人家孩子的长处相比。

4. 及时予以引导。由于受年龄的限制，孩子的专注力是有限的，在学习与培养兴趣的过程中，孩子往往会因为疲倦或懒惰等因素，对原本感兴趣的事情慢慢失去兴趣。这时家长要及时引导，不能让孩子的兴趣转化成压力。比如，培养孩子兴趣的时候，把握好时间点，既让孩子找到乐趣所在，又不会因此变成负担；当孩子遇到挑战时，父母也可以参与其中，帮助孩子解决问题，让孩子找到更多的乐趣。

小狗落水了
——鼓励孩子原谅别人，不要斤斤计较

我们在上海所居住的小区里住着几位戈凯汝的同班同学，课余时间大家会在一起玩；周末时孩子们还会相约到某个同学家里吃饭，然后一起住一晚。孩子们天真可爱，只要聚到一起，就欢乐无穷。有时他们在小区的草地上玩，有时会跑到小区没装修的空房子里玩藏猫猫的游戏。

一天，戈凯汝牵着家里的小狗在小区外面遛达，碰巧遇到一个从芬兰来的女同学，便愉快地带着她到我们小区玩。

戈凯汝将女孩带到小区里一条风景秀丽的小河边，把小狗抱到河堤边一个很高的台阶上，让小狗站在上面，她们则站在一边

聊天。没想到，趁戈凯汝不备，女同学突然将小狗推到了河里。戈凯汝正好看到了女同学推小狗的动作。

看到小狗掉进了河里，戈凯汝非常着急，一边大声呼喊着小狗的名字，一边试图找到合适的下堤处去救小狗。而这时女同学却站在边上，既不发声，也不帮忙去救落水的小狗。幸好，小狗很机灵，从水里伸出小脑袋四处张望后，瞅准了河对面的小路，快速地游了过去。

戈凯汝也飞快地跑到河对面，这时小狗正好上岸。她一把抱起全身湿透的小狗，眼里含着泪水，飞奔回家里。女同学也跟了过来。戈凯汝拿出电吹风，帮小狗吹干身上的水。女同学也凑了过来，帮助抱住小狗。让我们惊讶的是，两人打理好小狗后，又一起抱着小狗出去玩了。戈凯汝一点也没有责怪那个同学。

这件事如果发生在别的孩子身上，相信大多数的孩子会很不高兴，会指责女同学没有爱心、伤害小动物等，而戈凯汝却原谅了女孩，虽然心里委屈，但表面上却显得很不在意。其实，戈凯汝特别呵护这条叫"查理"（Charlie）的深咖啡色贵宾狗，看见小狗被推进河里，肯定非常心疼。但她没有一点责怪人的意思，这让我们感到有点不可思议。

我们知道，父母对孩子间发生的一些事情如果进行干预就会影响孩子之间的友情，因此我们从来不会参与戈凯汝与其他孩子之间发生的矛盾，只会择机给戈凯汝一些引导，了解发生了什么事情、她是如何处理的。

因此，这件事发生后，我们也没有直接去问从芬兰来的那个女孩为什么要这么做。我只问了戈凯汝，当时是怎么想的，是不是很生气？

戈凯汝回答我说："我没想太多，只是不明白她为什么要这么做，但我觉得她没有恶意，可能就是感到好玩吧。"

戈凯汝有这样的看法让我们很欣慰。平时我们一直说要善意地去看待每一个人的行为，其实要真正做到这点是非常难的，而戈凯汝面对自己心爱的小狗被同学推到河里时却做到了，这确实让我们高兴。

我顺势开导戈凯汝："每个人的性格和想法都不一样，如果对方做错的只是小事，并无恶意，那就可以原谅他，不要斤斤计较。女同学之所以要将小狗推下去，可能是因为好奇心，不懂事，想看看小狗被推下河会有什么反应，她没有考虑到这样做的后果，只是觉得好玩而已。你看，后来她也一起帮忙把小狗处理干净了。这说明她也有爱心。"

斤斤计较是很多孩子身上存在的问题。缺少宽容之心，只要别人做错了一点事，或者给他带来了一点伤害，就得理不饶人，让对方道歉或赔偿。这种行为看似精明，但不高明，这种孩子往往很难获得友谊，也很难建立良好的伙伴关系。

那么，孩子为什么会斤斤计较呢？我认为有以下几个原因：

1. 家庭宠爱。孩子在家庭中的地位高人一等，处处受到特殊照顾，要什么家长就给什么，孩子的想法被轻易地满足，长久下去，孩子就会养成任何事都要第一时间被满足的习惯，一旦家长做不到，他们就会斤斤计较，直到家长满足他才肯罢休。

2. 榜样不好。家长是孩子的一面镜子，孩子身上的不少问题都是从家长这里学来的。爸爸妈妈或祖父母、外祖父母，只要有人特别斤斤计较，得理不饶人，喜欢占便宜，孩子就可能受到影响。如果这个人还很强势，在家里有话语权或主导权，其他人敢怒不敢言，孩子就更容易受影响。

3. 家长和孩子讲条件。为了让孩子按照自己的意愿去完成一些事情，有些家长会跟孩子讲条件。虽说讲条件是孩子思维成熟的标志——他们可以通过语言表达，获取自己想要的东西，但如果孩子习惯了讲条件，就更容易变得斤斤计较。

了解了原因，那么如何才能让孩子克服这个问题呢？

1. 鼓励孩子多跟人交往。多与他人沟通或交流，孩子就能学会理解和包容，知道"你对别人斤斤计较，别人也会对你斤斤计较"，继而渐渐消除孩子对他人的敌意和不满。朋友多了，孩子的心胸自然也就宽广了。

2. 加强对孩子的情感培养。同情心和爱心，都是一种包容心理，孩子富有爱心和同情心，就懂得去观察他人或感知他人，继而会变得关心他人和帮助他人，这样的孩子是不可能心胸狭隘的。

3. 让孩子学会忍让。孩子跟同学在一起生活和学习，总会受到一些委屈，出现一些碰撞和摩擦，这时要引导孩子适当忍让，事情处理起来也就比较容易了。

顽皮的戈凯汝
——不要总是用一种方式惩罚孩子

回到上海后，戈凯汝有意地减少了校外文体类课程的学习，更加重视基础类课程，特别是对中文和数学的学习。由于戈凯汝从小在英文教学环境中长大，所以我们特别把提高中文水平放在首位。

考虑到钢琴学习在回到上海后会受到影响，我对戈凯汝说，如果对钢琴不太感兴趣了，或者觉得自己的水平已经足够了，完全可以停下来，爸爸妈妈不会反对，你也因此会有更多的时间跟着家庭老师学习中文和其他基础课程。

在我们眼里，戈凯汝只是一个小学生，在继续学钢琴面临重重挑战时，毅力肯定不会太强，大概率她会选择停止。但没想到的是，她的心智已经非常成熟。在每个成长阶段，都已经有自己的思考和计划，而且非常自信。戈凯汝否定了我们的建议，决定继续学习钢琴。

但孩子毕竟是孩子，戈凯汝在学习中也会表现出天真淘气的一面。

有一次，家教按照约定的时间来到家里的临时课堂，戈凯汝正在隔壁房间，老师便喊她过来上课。戈凯汝假装没听见，拖拖拉拉，不愿意出来。直到我大声叫她，她才手脚并用地从自己的房间爬出来，爬到老师所在的临时教室。爬进去后，她还跟老师开玩笑。要知道，老师是按时间上课的，一个小时一堂课，这里耽误几分钟，那里耽误几分钟，十几分钟就过去了，根本完不成一堂课的教学任务。这时老师对她进行了批评，但她还是嬉皮笑脸地跟老师闹着玩，让大家感到又生气又好笑。

从小时候起，如果戈凯汝犯错，我们都会及时地让她将自己的错误行为写在一张白纸上，然后进行反思，认识到自己错在哪里，确保以后不再犯同样的错误。那天上完课，老师离开后，我按习惯让戈凯汝写检讨，戈凯汝只能照做，最后拿出了一份比较深刻的自我检查，并承诺以后不会再犯。

但这事不久后，戈凯汝却又犯了一个类似的错误，由此看来，用同样的方式去教育她已经不再奏效。更让我们失望的是，当我们以为戈凯汝正在认真写检讨，悄悄走过去看她的时候，发现她居然嘴里哼着小调，轻松地趴在桌上，没有任何认错该有的态度。

对此，我反躬自省，这个年龄段的孩子犯了错，如果采用同一种方式惩罚，天长日久，就可能无法取得理想的效果。其实，惩罚不是目的，家长要的是结果。我们不如多一点思考，多用正确的方法跟孩子沟通。比如，直接告诉他，这件事你做错了，做错事会有什么后果……过多的惩罚，会使孩子产生自卑心理；过滥的惩罚，会让孩子对批评惩罚产生"免疫力"，从而使批评惩罚失去应有的教育效果，更为严重的是，会导致孩子失去自我激励能力和创造能力。

心理学研究还表明，过多的奖励和惩罚会使孩子养成在别人的评估下学习和生活的习惯，久而久之就会缺乏主见，行为上会过于察言观色，过于注意他人的评价，为了迎合别人的看法，不得不伪装自己，隐瞒自己的观点，甚至失去是非观念，失去个性和自信，孩子就会陷入迷茫和痛苦之中。

奖惩仅是一种外部强化的教育手段，其目的是让孩子在没有奖惩的情况下仍然能自觉地去做事，是不需奖惩即可达到目的。因此，父母应努力创造条件，让孩子从活动本身带来的成功和快乐中得到成长，从自律中得到满足。

头顶的帽子
——同学间发生矛盾，鼓励孩子找老师或家长沟通

平日，戈凯汝正向阳光，一直是一副开开心心的样子。当同学间发生矛盾时，戈凯汝也知道如何妥善处理。

一天早晨，天气比较寒冷，戈凯汝挑选了一顶白色的小熊帽子戴在头上。这个帽子看着很有趣，戴到头上，从远处看就像一头小熊。这顶帽子是戈凯汝不久前和妈妈逛街时买的，能够戴着这顶新帽子去学校，她觉得非常得意，也很开心。

没想到，戈凯汝一进教室，几个男孩就对着她哈哈大笑，显然这是笑她头上帽子的样子。戈凯汝知道，学校有规定，同学之间不能互相取笑，这是不礼貌的，但她又无法制止这几个男孩

的行为。她觉得很委屈，但很快就想起了我们平时的教导，同学之间发生矛盾，如果自己无法应对，可以直接告诉老师，让老师帮助解决。

戈凯汝的班主任是个男老师，来自加拿大，平时说话非常风趣。他听了戈凯汝的讲述后也笑了，并对她说："我发现你这顶帽子确实很有意思，确实挺好笑的呀！"

戈凯汝感到有些困惑，怎么老师也笑我？

放学回到家，戈凯汝将事情的经过告诉了我们，还反问："你们不是告诉我遇到事情，可以向老师汇报吗？但没想到老师也笑我。"

其实，老师是个非常幽默的人，他只是觉得那顶帽子很好玩，我知道老师没有任何嘲笑戈凯汝的意思。说实话，当我第一次看到戈凯汝戴上那顶帽子时，我也感到很好笑。我给戈凯汝做了解释，她很快就释怀了。

这件事情让我意识到，我们平时要多教孩子一些处理问题的方法。在孩子成长的过程中，会遇到各种各样的人、各种各样的事，矛盾冲突不可避免，教会孩子用正确的方式，大度地去处理，是父母的责任与义务。因为这个问题会一直延伸到孩子今后的生活里，等他们长大进入社会或参加工作后，会遇到比学校里发生的更加严重得多的事情，孩子必须用正确的方式去处理。教孩子正确处理问题的方式有以下4点：

1. 缓解孩子的心理压力。孩子与同学发生矛盾时，受委屈的孩子会很不高兴，压力陡增，也会急着向父母寻求安慰与帮助。这时，如果家长用责备的话语训斥他们，就会加重孩子的心理负担，正确的做法是，应该给孩子一个释放压力的机会。比如，用一个拥抱、一个亲吻等，让孩子感受到父母就在身边。如此，不仅可以避免孩子的情绪失控、事态的升级，还能让孩子释放心理压力。

2. 不要教孩子"以牙还牙"。孩子跟同学发生了矛盾，有些家长担心孩子受到欺负，会教唆孩子非理性处理，或直接介入孩子之间的纠纷，替孩子出气。这种做法存在很大的弊端。"以牙还牙"不是解决问题的根本方法，不仅会给孩子一种用暴力解决问题的错觉，还会升级孩子的心理压力，不利于孩子今后的成长。

3. 帮孩子分析发生矛盾的原因。安抚好孩子的情绪后，家长可以向孩子了解事件经过，跟他们一起分析原因，反问自身有没有不对的地方，对方是无意的还是故意的；然后，再采取相应措施，如获得老师的帮助。小学低年级的孩子社交技巧不足，家长要让他们认清应该注意的地方，并在今后与同学相处的过程中加以改进。

4. 教会孩子提前规避。家长在平时应多鼓励孩子与同学交往，增进孩子们之间的友谊。另外，在家时，家长可以与孩子做一些模拟场景的训练。比如，身体躲避等互动类小游戏，让他们的身手变得敏捷，一旦与同学发生肢体冲突时，可以做好自我保护。

深咖啡色的贵宾小狗
——让孩子学会照顾宠物，培养责任心

我们在上海居住的地方属于别墅区，小区里有很多外国来华工作的家庭和在国外工作或学习后再回国的家庭，很多家庭都养着小型宠物狗。看到那些可爱的小狗，戈凯汝也想养一只，但我们考虑了很长时间一直没有决定。养狗需要责任心和爱心，一旦

把它买回家，就要承担十几年的责任，不像买个玩具，不想玩了，丢到一边即可。

在戈凯汝反复和我们提出要养小狗的要求后，我们最终满足了她的愿望。

那天，我们去朋友家拜访，戈凯汝一眼就看到朋友家的狗妈妈生了四只小狗，她开心极了，之后眼睛一直就没有离开过狗狗一家。我知道她心里非常想要一只，只是没有说出口，担心我们的朋友不同意。

朋友看出戈凯汝喜欢这些小狗，就说："这些是贵宾狗，出生约两个月了，你如果喜欢，可以选一只。"

戈凯汝大喜过望，相中了一只深咖啡色的，因为这只小狗排行老三，所以朋友一家称它为"老三"。

戈凯汝兴高采烈地把小狗带回家，给它起名为"查理"，之后，她就忙起来了，买玩具让小狗玩，买狗笼子、狗衣服、狗食品……照顾查理非常细心。放学之后只要有时间，戈凯汝还会把查理放进自行车的车筐里，骑车带着它一起玩。

我们查看了贵宾狗的资料，从智商角度来说，据说在犬类中排名第二位，非常通人性，也很会耍心机。查理的到来，给我们家带来了很多乐趣。它就像小伙伴一样，陪着戈凯汝学习、练琴。戈凯汝练琴的时候，查理只要一听到琴声，就会立刻坐到她身边，专注地旁观。这个画面，让我倍感温馨。

只要戈凯汝发现查理懒洋洋地躺着，不吃不喝，就会催着妈妈刻不容缓地带查理去宠物医院。很明显，自从查理来到我们家后，戈凯汝的责任心得到了大幅提升，也慢慢学会了去关心人、照顾人。在查理和我们一同生活的 10 多年里，戈凯汝不仅收获了快乐，她的爱心也得到了培养。

2018 年，查理大约 10 岁，年龄比较大了，一条后腿突然不能动弹；不久，一只眼睛也看不见了。宠物医生说这些问题都是狗的遗传性疾病导致的，就像人老了，各种遗传病会显现出来一样。

我们花了很多时间和金钱，让查理接受最好的治疗，但终究还是无法根治，只能维持现状。为了查理能更好地生活，我们给它买了一个步行器，只要把步行器固定在查理身上，再把它后面的一条腿固定起来，查理就能走动。

每个生命都是宝贵的，我们要珍惜生命，也要珍惜动物的生命。父母如果有条件，可以让孩子学着照顾小动物，这样有利于培养孩子对动物的爱，增强孩子的责任心和爱心。我总结，让孩子养宠物有几点需要注意的地方，具体如下。

1. 增加孩子和动物交流的机会。孩子对动物的感情是与生俱来的，动物不仅可以给孩子带来温暖和安慰，还有利于孩子的心理健康。因此，父母要增加孩子和动物交流的机会。平时，可以给孩子买一些关于动物知识的书，让他们认识动物、了解动物，丰富他们的知识；也可以带孩子参观动物园、海洋馆等地方，让他们亲身感受另一种生命的可贵。

2. 让孩子对宠物负责任。有些人看见小动物的第一眼，觉得"好可爱"，一时冲动就把它买下。可是，当它长大后，不再像小时候那样可爱了，甚至是变丑了，或者掉毛、淘气，喂养比较麻烦，就会丢弃它。这是一种不负责任的表现。发现孩子想养宠物，父母要告诉他，养宠物不仅仅是一种消遣，更是一种长期的责任，自始至终都应该照顾它；同时，还要尽可能地为他讲解饲养之后的事宜。比如，喂食、引导它找厕所、清理卫生、带它遛弯儿等，让孩子全面考虑后，再做决定。

3. 不让孩子对动物宣泄自己的情绪。有些孩子在外面受了委屈或被批评了无人倾诉，会将宠物当作自己的发泄对象。遇到这种情况，父母要及时了解孩子的心理，帮他排解消极情绪，让他明白：不能对动物宣泄自己的不良情绪，可以对动物倾诉，但不能使用暴力。

4. 让孩子善待流浪动物。走在偏僻的街道小巷里，经常可以看到一些被主人遗弃的流浪猫或流浪狗，它们没有选择生活的权利，很可怜，一定要让孩子善待它们，尊重生命。在孩子救助流浪动物时，父母要告诫孩子注意这些动物身上可能有细菌，要做好卫生防护措施，如带动物做一次检查等。

手机被砸了
——孩子的问题，让他们自己解决

来到上海后，戈凯汝最大的收获之一就是中文水平突飞猛进，这个结果是我们特别期待的。

刚回国的时候，戈凯汝不太能听懂中文，说就更不行了。日常交流时，简单的句子能听个一知半解，长句子就不知所云了。中文的大量词汇、成语和习惯用语等都不了解。但通过几年的努力，中文阅读能力和表达能力有了极大的提高，对中国优秀传统文化的理解，特别是为人要包容谦让，也有了更加深刻的认识。

在这个过程中，我们也是见缝插针，利用各种机会，不断加强对戈凯汝行为和品德的培养，在开发她个性的同时，培养她正确的人生观。

有一天，学校上体育课，一群孩子在操场上踢足球。有一个同学踢出一记飞脚，足球朝戈凯汝所在的方向飞来，正好砸在戈凯汝的手机上，手机掉落在地，屏幕摔得稀巴烂。

但令人惊讶的是，戈凯汝并没有冲过去跟同学发生争执，也没有跑到老师那里告状，而是默默地捡起手机，自己承担下来。她回家跟我说起这件事，并要求马上去换手机屏，当时我还真有点不高兴，是那位同学的过错损坏了手机，他应该赔偿才对啊。戈凯汝居然反过来劝我说，同学不是故意砸的，只是不小心将球踢到了手机上。戈凯汝的通情达理让我倍感欣慰。如今社会上的一些人急功近利，再加上各种压力，养成了以自我为中心的处理问题的方式，不愿意换位思考，导致很多矛盾被激化。戈凯汝能够以同理心待人，宁可自己吃亏，也不愿去激化矛盾，不为难同学，这点非常不容易。

　　孩子之间难免会发生摩擦，怎么去跟对方交涉，怎么舒缓不愉快的情绪，是一门学问。父母如果以大人的认知和理念去干涉，就会剥夺他们自己探索、自我学习和自我解决问题的机会和能力，会让孩子对父母产生依赖。一旦遇到问题，首先想到的就是求助父母，这样的孩子很难拥有独立的是非观和应对力。时间长了，孩子在生活中就会表现出退缩、怯懦、自卑、承受能力差等特点。

　　因此，当孩子和同学发生矛盾时，父母要冷静、客观地观察，不要急于出面；要给孩子充分的空间和时间去处理，相信孩子有能力解决这些问题；要尊重孩子成长的规律，让孩子在与同学的冲突中不断成长并获取经验，而这种经验会帮助孩子更好地认识自己所处的环境，并在独自处理冲突的过程中，不断地探索与尝试，获得处理问题的方法。引导孩子独自处理冲突问题有以下 3 种方式可供参考：

1. 让孩子自己面对矛盾。其实，孩子有时比成年人想象中更懂道理，只要告诉他们"要和大家分享"，或者让受委屈的孩子直接向他人提出"我们应该怎么做"的建议，就能让他更自信。下一次，他就有勇气去处理和同伴之间的矛盾了。

2. 教会孩子分析问题的根源。孩子之间发生矛盾，关键是要让孩子认识到问题究竟出在哪儿，然后自己想办法解决。不妨让孩子们坐在一起，各自说说为何要争吵，倾听对方的想法。然后，一起想办法，互相商量，取得一致意见。

3. 启发孩子想办法解决问题。孩子间起了纷争，家长首先要让孩子说清楚发生争执的原委，判明事情的真相，再有针对性地帮助孩子认识到各自存在的问题，鼓励孩子勇于向对方认错、道歉。

第四部分

2014—2018年 上海

9~12年级（高中毕业）

鼓励孩子参加更多课外活动
——从课外活动中了解孩子的喜好和定位

戈凯汝升入 8 年级后，我们感觉学校的课程设置不太符合我们的要求，尤其是中文学习方面力度不够，于是我们决定寻找更适合戈凯汝发展的学校。经过反复调查研究，我们把视线集中到了上海美国学校。

上海美国学校始建于 1912 年，历史悠久；1950 年到 1980 年停办了 30 年，改革开放后，上海美国学校复学。学校属于非营利机构，所有收入都投入学校发展，设施完备，师资稳定充沛。学校的使命是激励并培养所有的学生终身学习的热情，诚信与仁爱的信念以及追求梦想的勇气。学校每年约 98% 的毕业生都能进入世界各地的大学就读。也是上海唯一一所对高中学生开设 AP（Advanced Placement，美国大学预修课程），AP 核心课和 IB 课程（International Baccalaureate，国际预科证书课程）以及常规课的学校。我们最看中该校的还是它的中文教学，完全参照国内中学的模式，不仅有大量的文言文教学，学生还能选修具有中国历史背景的课程，学校对中文的重视程度让我们感到很兴奋。

我们决定让女儿转到这所学校就读。

这期间，戈凯汝积极学习中文，进步很快，从原来不碰、不看中文书到慢慢地掌握了中文的基础知识，书架上各类中文书越来越多，她也从自身的学习进步中获得了很大的满足感。

除了学好中文外，戈凯汝在高中阶段还参加了学校组织的大量社会活动，担任义工，给其他学校的学生补习。当时，学校还组织学生编辑一本学校的画刊，鼓励学生提供作品。戈凯汝除了提供自己的作品外，还主动承担了编辑的责任。在她和小伙伴们的共同努力下，这本画刊很成功，出刊了很多期，受到了老师和同学们的喜爱。

除了编辑画刊，戈凯汝还参加了学校的各类俱乐部，锻炼自己的才能。艺术俱乐部就是其中的一个。为了推广会员的作品，该俱乐部经常会举办一些画展，指导大家参加；俱乐部还举办了不少艺术类公益活动，让会员将自己的画作出售，把活动所得捐给非洲小朋友。戈凯汝是该俱乐部不折不扣的积极分子。

音乐是戈凯汝的偏好，在学校，她找到了发挥自己长处的平台——音乐俱乐部。在一些节假日，学校一般都会举办大型活动，俱乐部的成员就有机会表演节目，舞台上总能看到戈凯汝的身影。

此外，戈凯汝还参加了科学俱乐部，做一些力所能及的科学探索和研究，有不少收获。

孩子的兴趣和特长要早发现、早培养，孩子才能早受益。父母要观察并发现孩子的兴趣和特长并辅以及时的支持和鼓励。那么，如何才能做到早发现、早培养、早教育呢？

1. 留心孩子发展的动向和端倪。孩子喜欢什么、擅长什么，总会伴有一定的倾向，父母要注意观察孩子的这些倾向。比如，孩子只要一听到音乐，就会不由自主地手舞足蹈；听一两遍歌曲，就能模仿、哼唱；不管走到哪儿，只要听到音乐，就能产生互动……这些都说明孩子具有音乐方面的潜质和天赋，有可能向音乐方面发展。

2. 尽量给孩子提供方便和条件。孩子喜欢运动，就给孩子提供运动的场地、器具；孩子喜欢下棋，就为孩子寻师、访友，让孩子找到学习、"厮杀"的对象；孩子喜欢昆虫，就带他们收集昆虫的标本、资料……父母不支持、不付出，孩子的兴趣或特长就无法获得长远发展。

3. 给孩子提供尽可能大的活动空间。孩子的活动空间小，每天只接触几个人、几件事，我们就无法断定孩子是否对所接触的事情真的感兴趣。为了培养孩子的特长，父母应尽量扩大他们的活动范围，为他们提供施展天赋和才能的空间。

4. 不能以父母的意愿代替孩子的意愿。有些父母会自作主张地给孩子报班，不管孩子的接受能力，不管孩子的兴趣和爱好，只按自己的主观喜好行事，其结果很可能是花费了大量的人力、物力和财力，孩子却不一定遂父母的愿，真的能在某方面有所成就。

5. 不要急于给孩子的兴趣和特长定性。孩子最初选择的不一定是自己擅长的，把有限的时间、精力都投在这些初始的选择上，只会耽误孩子的童年好时光。所以，我认为，孩子小的时候，要采取"广种薄收"的策略，让孩子充分尝试，展示能力，做出相对适当的选择。

6. 观察、分析、比较和研究孩子。同年龄的孩子有趋同的兴趣、爱好，家长要在同中求异，看看自家孩子到底对什么更感兴趣。发现孩子的兴趣、爱好后，再做进一步的分析和研究，看看他到底有几分天赋或才能，有几分是偶然或巧合。

7. 不要急着给孩子请老师。靠老师灌输、提携起来的孩子，兴趣、特长发展得再好，也不过是一个匠人，跟熟练的泥瓦匠、木匠或铁匠无异，灵气、创造性不足。因此，我认为更重要的是要让孩子自然发展，自我体验，自由发挥。

不苟求孩子考高分

——每个人最终走向社会，都有不同的定义

为了考大学，戈凯汝需要做很多的准备。这段时间，老师布置的作业量非常大，这些作业不能靠死记硬背、翻抄教材就能完成。所有作业都更注重启发学生的创意和想象力，鼓励学生开发自己的智力，创造性地解决相关问题。

戈凯汝是一个非常有责任心的孩子，只要是老师布置的作业，她都会在规定的时间内完成，从来不拖拉。这是戈凯汝的个性，也是她的本能。其实，我们从来都没有刻意地要求过戈凯汝对每一项任务都必须在第一时间完成。

责任心方面，戈凯汝比较像我。我是一个责任感、可靠度非常强的人。20 世纪 90 年代我去美国留学，取得了不错的成绩，之后走上工作岗位，期间担任了英特尔、苹果和英伟达公司的高管，成功的背后，很大程度上取决于责任心，及时、认真地做好每一件事情，是我认知的职业精神的基本要件。

当然，除了踏实，还需要眼光和创造性。在这方面，戈凯

汝多半都继承了我的基因。

戈凯汝不仅能在规定的时间内完成作业，还会主动去探索和作业相关的知识，并关注探究的过程。她不会满足于找到答案，对推导答案的过程也乐此不疲，并不厌其烦地做好详尽的记录。由于戈凯汝在这方面做得非常好，她的成绩得到了老师们的高度认可。这一点在每位老师对戈凯汝交付成果的评语里就能看出来。

在这个过程中，我们并没有对戈凯汝的学习做任何干预，只是经常叮嘱她要早点睡觉，多锻炼。我们也不会用成绩的高低去衡量戈凯汝，更没有要求她一定要考高分，或必须达到什么样的标准。因为我们知道，孩子长大后走向社会，会面临不同的定义和标签，有人会成为科学家，有人会成为家政服务人员，有人会成为商店售货员……三百六十行，都需要人们参与，都需要人们贡献。我们不能说能够考高分的孩子就优秀，其实在最平凡的岗位上，也能做出杰出的成就。只要在自己的岗位上做得很出色，他就是优秀的。

我告诉戈凯汝，即使你考了高分，也并不代表你一定是优秀的，前面总会有人比你更好；在前进的道路上，要保持平常心，即使不能超越别人，超越自己也好；即使不能超越自己，将事情做到最好也好。

有的父母对孩子的学习要求很严格，过分注重孩子的成绩，要求孩子把全部精力都投入到学习中，不允许孩子参加其他课外活动，甚至不让孩子做家务、不允许孩子看课外书、不答应孩子与同学玩耍、不赞成孩子参加集体活动等，只要求孩子考高分上名校，以成绩论英雄。如果孩子考得很糟糕，他们会教训孩子："怎么才考这么一点，什么都不让你做，只让你学习，这点成绩对得起谁呢！"

从一定程度上看，是家长的短视扼杀了孩子的责任心和创造性，也让世界少了很多运动天才、大国工匠、文艺明星。父母给孩子制订了单一的标准，孩子不敢偏离，只能专注于课本学习，没有探究事物本质和发展过程的机会，最终无法发挥天性，成为各类专才。

爱因斯坦曾经说过："一个人智力上的成就很大程度上取决于人格的伟大，这一点往往超出人们通常的认识。"父母不能只重视孩子的成绩，还要注重他们的人格培养，给孩子创造丰富的人生体验。心理学研究表明，大部分孩子只对身旁的人、事、物感兴趣。所以，帮助孩子发掘生活圈以外的世界很重要。父母要经常带孩子出门亲近自然，让孩子看到世界的广阔，体验到生命的丰富多彩。同时，还要给孩子和同伴玩耍的时间，帮助孩子建立良好的人际关系，鼓励孩子参加集体活动，让孩子学会和不同的人交往，学会处理人际交往中遇到的各种问题。培养孩子健康阳光的心理也很重要。父母要摒弃强权与暴力的教养方式，尊重孩子，平等地对待孩子，不要给孩子太大的压力，减少对孩子的负面批评，允许孩子做自己喜欢的事情并享受其中的乐趣。只有让孩子在和谐、自由的家庭环境中学习和成长，孩子才能更自信、更阳光、更有创造性。

老师喜欢你的画
——尊重孩子的决定

学校开设有心理学课程，戈凯汝选修了这门课程，她的课堂表现很快就得到了心理学老师的认可。上课时，老师经常会通过艺术作品去反映心理学的问题，用艺术作品去表达心理学的内容。我发现，自从上了这门课程后，戈凯汝的学习兴趣有些不一样了，她甚至跟我说，她很想从事心理学方面的工作。我回答说，对于未来的工作，一定要认真考虑，因为你有很多路可以选择。高中 3 年期间，孩子出现很多新想法是正常的，因为这个阶段，孩子的成长发育是最快的，心智也会慢慢成熟。但这次戈凯汝表示出对心理学的强烈兴趣，仍然有些出乎我的意料，我不禁问自己，她是心血来潮呢，还是真有这方面的天赋呢？

我认真回顾，发现较早之前，戈凯汝就有喜好心理学的苗头了。比如，心理学的很多作业都需要详细分析相关案例人物的心理状态，并需要根据课堂内容做出专业的心理学分析，仅仅给出 A、B、C、D 正确答案是远远不够的。戈凯汝提交的答案，分析详尽深入，老师的评价几乎都是 100 分。还有，心理学老师曾经给学生布置作业，让他们根据所学的心理学知识来绘制一幅作品。戈凯汝画了一幅画，我至今印象很深，也非常喜欢。戈凯汝把这幅画交给老师，老师看到后，非常震惊，这正是他因教学需要一直想要的一幅画，没想到戈凯汝能够如此全面地把他想要表达的内容表现出来！老师把戈凯汝的画展示在教室里，课上用这幅画给同学们讲解。过了几天，老师对戈凯汝说，他非常喜欢这幅画，能否用 5000 元把画买下来。戈凯汝摇摇头，没有答应。

放学回到家，戈凯汝将老师的想法告诉了我。我对她说，既然老师那么喜欢你的画，你为什么不卖给他呢？虽然我们不缺这笔钱，但即使是卖 20 元钱，也是令人兴奋的啊！

戈凯汝依然不愿意，我的道理没讲通。

我接着对她说，艺术应该是属于大众的，你创作出了艺术作品，需要有人认可。如果有人非常欣赏你的作品，这个作品就可以属于他。既然老师认可你的这幅画，你完全可以卖给他。

戈凯汝最后回答说，为了完成这幅画，她花了很多时间，她打算将这幅作品留下来，作为纪念。

这件事最后不了了之。

生活中很多父母都认为替孩子做决定是自己义不容辞的责任，但往往忽略了一件事情，孩子虽小，但也有自己的想法、喜好、情感和判断，他可能比你更清楚自己喜欢什么、擅长什么、需要什么。

孩子的主动性是从内心产生的，如果父母为孩子做出的决定并不是他的兴趣所在，他就会厌倦，不愿意坚持；如果是他自己经过考虑后做出的决定，就会认真对待，坚持的时间也会更长，更容易成功。尊重孩子内心想法，让孩子做决定，可以从以下几个方面来考虑：

1. 尊重孩子的决定。在生活中，很多家长在做决定前都会礼貌性地问孩子的意见，但对孩子的意见却不那么尊重，总会试图说服孩子做出改变。如果因为孩子年龄小，无法做出正确的决定，家长可以和孩子沟通，指导他们做出决定；一旦到了可以让孩子自己做决定的阶段，父母就应该信任他、尊重他的决定，不要横加干涉。

2. 放手，放心，少些担心。很多家长不肯放手的最大的原因就是不放心，害怕一放手，孩子走错了路，学坏了。但是，我们不可能陪伴孩子一辈子，更不可能帮他们规避所有的风险和失败，只有让他们自己做决定，他们才能学会思考，学会对自己负责，下次做决定时才会更加谨慎。因此，即使孩子做了错误的决定，也不可怕，因为失败既是成长的一部分，也是一种人生历练。

记忆力绝佳的戈凯汝
——掌握方法，多理解，多分析，就能提高记忆效果

当我发现戈凯汝记忆力不错的时候，我一开始把原因归结为自己基因的强大。

因为我在读书阶段时的记忆力就特别好，从小学到中学一直是全校优等生，也一直担任学生干部，老师和同学都非常喜欢我。中学时期，除了学习成绩优异，我还写了两篇文章，参加华东六省一市中学生作文比赛，分别获得一等奖和三等奖。那时

候，没有手机和电视，参加娱乐活动的机会也很少，我有大把的时间用来学习。跟我太太结婚时，家里的家具、家电都非常简单，最多的是书，还有几个箱子，里面存放着大大小小各种各样的获奖证书和奖状。

大学的时候，我依然是全年级成绩最好的一位，也担任了校团委的干部。因为成绩突出，老师还给了我一个特权，有些课我可以不上，但考试必须参加；我还得到了一张能够进入老师内部外文阅览室的通行证，这样，我可以有更多的时间去涉猎和学习更加广泛的知识。我很感谢老师的支持，即使是现在，我看书的速度也非常快，看完之后，无论别人提起书中的哪段内容，我都能记起大概在书的什么位置，有时还能具体到在书的左页或右页的上半部分还是下半部分。

除了基因强大给戈凯汝带来先天优势外，我慢慢发现，戈凯汝的记忆力和她的学习方法很有关系。

一次，戈凯汝在准备考试，太太发现需要她记忆的笔记内容有整整几十页，但戈凯汝看起来却很轻松，没有任何焦虑的感觉。太太怀疑地问女儿，这么多知识点，你都能背下来？

女儿轻描淡写地说，靠死记硬背那肯定不行啊，我是在理解的基础上去记忆，那就很容易了。

太太说，我怎么都记不住呢？脑子里总感到是一片空白。你有什么具体方法呢？

女儿说，记忆有方法。只要掌握了方法，掌握了内容的逻辑性、连贯性，再加上认真理解和分析，就能很快记住。

每次考试前，戈凯汝都会记住很多信息和知识点，考试成绩也总会给我们带来惊喜。看到戈凯汝能够将几十页的文字内容轻松记住，我也感到很吃惊。除了天赋，看来方法同样重要。

这让我认识到，如果孩子学习成绩不好，家长要考虑孩子是不是用错了记忆方法。成绩好的学生，对问题的分析理解能力可能比其他孩子强一些，但他们一定有好的记忆方法。家长要跟孩子多互动，了解孩子学习过程中的细节，才能知道在什么情况下、用什么办法帮助孩子。

掌握科学的记忆方法，不仅可以事半功倍，还可以让孩子找到学习的乐趣。家长可以结合孩子的具体情况加以总结和归纳，从中找到最有效的记忆方法，最大限度地运用记忆来辅助孩子学习，提升学习效率和学习能力。以下有几种比较实用的记忆方法。

1. 联想记忆法。联想记忆法就是在记忆的时候发挥想象能力，从一点想到另一点。这种方法可以将原本看起来毫无关联的记忆点连接起来，形成一套记忆组织。孩子的想象力很强大，能够将看起来毫无关联的两件事通过联想结合起来，家长可以让孩子将这个特点运用在知识点的记忆上，不仅能记得更加牢固，还能让孩子觉得联想很有意思。

2. 谐音记忆法。谐音记忆法是利用谐音来帮助记忆的一种方式。通过谐音，孩子能够很快回想起来需要记住的字词。谐音记忆可以用在不需要记忆很准确的知识上。比如，一些地名、人名、历史事件和作品等。从某种意义上来说，谐音记忆就是在给没有意义的内容加上某些意义。内容越有趣，记忆越容易，所以家长要引导孩子从枯燥的知识点中找到有趣的谐音，提高记忆能力。

3. 分类记忆法。分类记忆法就是将需要记忆的内容按照自己的方式进行分类，像电脑储存文件一样，给每个文件夹命名，回想起来就容易多了。其实，分类的过程就是一个理解的过程，孩子已经具有一定的记忆能力，一边分类，一边就会伴随理解。

4. 趣味记忆法。趣味记忆法一般分为以下4种方法，具体如下：

（1）提纲记忆法。需要记的东西多，不需要一下子全部记完，先记住关键词做一个提纲，然后分时段进行详细记忆，高楼就逐渐搭起来了。

（2）组块记忆法。组块是人们的记忆单位。一个组块可以是一个数字、字母，也可以是一个词组、短语。人的短时记忆容量大概是 7 左右。可以将要记的内容分成 7 个部分，这样的记忆效果最好。所以，家长可以帮助孩子分类，将记忆资料进行组块分辨。

（3）松弛记忆法。人在放松的时候，记忆能力也会提升，头脑时刻冷静和清晰能够让记忆的能力变强。

（4）闭眼记忆法。生活中获取信息的来源太多，环境的干扰会让记忆能力下降，而背诵的时候闭上眼睛，有助于提升记忆强度。

奖状
——成绩是孩子努力的最好证明

每个人做一件事情，花费的时间长短是不一样的。当然，有时我们即使花了时间，也很努力了，但如果只是坐在那里几个小时，学习效果将极其有限，甚至一点东西都学不到，没有做出成绩，这样的时间花费是无效的。

中学期间，戈凯汝画了很多作品，付出了大量的时间和精力。拿戈凯汝的作品跟其他同学的作品相比较，就能看出戈凯汝花费了大量的有效时间，作品的质量远超其他同学，老师也屡屡给戈凯汝最高的评分。高中毕业时，戈凯汝获得了全年级唯一一个艺术优异奖，这是对她艺术学习成绩的最高评价。我们为她高兴。

成绩是孩子努力的最好证明。

在幼儿园时期，戈凯汝对世界基本是一无所知的。这个阶段，孩子的成绩基本只能证明她的天性和禀赋。

在1~3年级阶段，戈凯汝比较贪玩，有时候甚至还显得比较顽皮。这个阶段，孩子取得的成绩有很大的偶然性，父母不必过于在意。

在4~8年级期间，戈凯汝慢慢地走向成熟，喜欢模仿青年的态度，介于懂事跟不懂事之间。有时候她会觉得自己非常成熟，好像非常自信。但另一方面，她还是个孩子，天真且幼稚。这个阶段，孩子取得的成绩是自发的，父母需要做最大的引导。

在2014—2018年期间，戈凯汝实现了质的飞跃，她开始知道自己追求的是什么，也知道自己应该做什么、不应该做什么，自己能力的界限在哪里，自己的目标在何方。这个阶段，孩子取得成绩更要靠自觉。高中时期的戈凯汝无论是通识课程，还是专业绘画，成绩几乎都是满分。虽然我们不提倡用分数去衡量孩子，但分数确实能在一定程度上说明孩子的自觉性、她的努力程度，以及是否做了有效的努力。

旅游
—— 用健康的方式，看最美的风景，吃健康的美食

我们一家三口都非常喜爱旅游。

这几年因为新冠肺炎疫情的原因，我们出去旅游的次数少了。但在 2020 年之前，我们每年都会去国外旅游两到三次。

我因为工作的关系，每次出门都要带上电脑，手机也是 24 小时待机状态，做到了工作、旅游和陪伴家人三不误。太太和女儿知道我是一个工作狂，遇到我必须参加电话会议或处理公司事务时，她们也不勉强我参与计划中的各项活动。

通常我们会选择长途旅游，大约 10 天到两个星期的时间。为什么要长途和长时间呢？因为我认为，越是遥远的地方，文化差异越大，可以学到的东西更多；另外，到了一个地方，不仅要了解当地的风景名胜、文化习俗，还要了解当地的历史、地理等知识，这都需要时间。

到达目的地后，我们的旅游方式主要是步行，平均一天要走10 公里，边看边体验。以前每天步行多远没法很好地记录，现

在有了手机，我们就能做更加精准的记录了，这也让我们的旅游变得更加有计划性。

现代人长时间坐在办公室工作，特别是我和戈凯汝每天都会花很多时间在书桌前、电脑前，我们抓住旅游这个机会迈开双腿，享受行走的快乐。和很多其他人的旅游等于住在一个地方喝咖啡吃美食、拍打卡照片的观念不同，我们的旅游更侧重学习和运动。

我们深知：享受生活的前提是要有个好身体，否则一切都是空的。所以，我们对食物的要求，就是绿色健康和生态环保，在旅途中，我们会尽量避免食用不健康的食品。

出去旅游，确实是一件快乐的事，我们都会因此而感到异常兴奋。这股兴奋劲儿一直伴随着我们，即使飞机长途飞行落地后，我们也依然毫无睡意。虽然有时差，但我们根本就感觉不到，只要还是白天，稍事歇息，我们就会外出。

我是个计划性非常强的人，所以在出发前，一般会安排好所有的行程和看点，也包括有需要的时候，聘请当地的导游。后来戈凯汝慢慢长大了，这项工作就由她来承担。

旅游路线和行程的安排是个很烧脑的事情，涉及对当地人文历史的了解、相关景点的取舍、路线选择（不走回头路，走捷径等）等。因此出发之前我们也会找很多信息资料，提前做好攻略。早期我们通常会到图书馆或书店查找信息。现在，可以在网上搜索，手机还可以导航，大大节省了准备的时间。

每去一个地方，我们都不会放过重要的景点，尤其是能够扩展戈凯汝视野的景点我们一般不会放过。现在的孩子跟我们小时候不一样了，我们 10 岁时，可以说对世界知之甚少，而现在的孩子四五岁，对电脑和手机的使用已经相当熟练，他们能够获取的信息量非常大，兴趣爱好比我们小时候更丰富更广泛。但实地旅游是一个验证、固化和提升知识的好时机。

旅游过程中，我们会特意寻找当地的健康美食，因为美食也是文化的一种呈现。

每次旅游回来我们都感受到收获满满，不虚此行，对世界、自然和社会的认识也加深了一步，恨不得旅游时间再长一点，下一次的旅游能够很快到来。

太太很期望在我未来退休之后，可以和她有个约定：环游世界，用现在先进的信息平台，记录人生的下半场，用自己的脚步去丈量世界。过去自己奋斗了三四十年，一切以工作为重，尤其是过去这几年，工作强度增加，再加上新冠肺炎疫情，旅游次数大大减少了。我是一个事业心非常强的人，平时牺牲了大量的个人时间。太太觉得，到了现在这个年龄，体力和身体都不足以跟年轻人竞争，应该更多地放下，过自己想要的生活。

我们年轻时条件有限，无法出门旅行；随着年龄增大，又忙于工作和学习，难有时间旅行；步入晚年后，经济上有条件了，但身体条件又不适合远行了。所以，我们确实需要规划人生，趁还可以走向远方的时候，多出去看看，了解更多的自然和文化。旅行的意义对我们有以下 4 点影响：

1. 旅行的意义在于学习新的知识和感受生活的美好。从这一点来说，故宫博物院与大英博物馆都可以选择，都能给孩子带来新知识；凡是美好的，不管是自然的阿尔卑斯山还是人为的法国卢浮宫，都要争取去参观。

2. 旅行的意义在于体悟。对于旅行来说，比所见更重要的是所感，是参与其中的过程。对于孩子来说，旅行亦是一场修行，无论是其中的欢乐，还是旅行时遭遇堵车、拥挤的困顿，都是真实生活的折射。想让孩子经受生活的磨砺，学会坚强与独立，不需要刻意营造困难与挫折，旅行的每时每处都是对孩子的历练。因此，不要把孩子当成旅行的携带品之一，要让孩子真正成为一个旅行者。从旅行线路的制订，到门票、住宿酒店的预订，都可以让孩子参与。

3. 旅行的意义在于给平淡的生活一种仪式感。旅行可以点亮生活，多年后当你和孩子拿着相册或在脑海中回想起每一段欢乐时光时，脑海中闪现的一定不是日常生活中的柴米油盐，而是与众不同的经历。

4.旅行就像是给平淡的生活打了一支兴奋剂。可以将孩子暂时地从繁重的学业中解放出来，让他们得到暂时的放松，为今后的学习更好地蓄能，只有张弛有度才能走得更远。

备战SAT考试
——做好学习规划，提高学习效率

2018年6月，戈凯汝高中毕业，但她申请大学的工作在2017年的下半年就已经开始了。申请美国的大学，学生一般都会先参加一个SAT考试（Scholastic Assessment Test，学术能力评估考试）。它是由美国大学委员会主办的，考试成绩也是美国名校是否录取和授予奖学金的重要参考。考试内容包括推理测验

（主要涉及写作、阅读和数学能力）和专项测验（主要涉及数学、物理、化学和生物等科目），但专项测试报考的同学不多。要考好 SAT 是一件非常有挑战性的事情，同学们都会投入大量的时间和精力。为了备考 SAT，戈凯汝花了不少精力，但也井井有条，胸有成竹。

这个阶段，戈凯汝面对的挑战还不仅仅是 SAT。因为戈凯汝决定报考艺术类专业，所以她还需要额外准备一个作品集，包括能体现她最高水平和风格的一批艺术作品，既不能太多，也不能过少，必须是从自己创作的作品中精选，并对作品做简要说明。选择的作品要满足 3 个条件：一是满足入学的标准；二是能体现学生的个性；三是要跟自己准备选修的专业相吻合。几个条件综合起来，挑战很大。同样，戈凯汝在大量任务面前，表现沉稳。

另一个挑战就是要在毕业前，圆满地完成她选择的 IB 课程。IB 课程是国际文凭组织（International Baccalaureate Organization）为全球高中 11 和 12 年级学生开设的大学预科课程。它不以世界上任何一个国家的课程体系为基础，自成一体，吸收了当代发达国家主流课程体系的优点，形成了 6 个基础学科领域。相对于戈凯汝绝大部分同学选择的 AP 课程，IB 的难度和广度要大很多。戈凯汝选择 IB，可能跟她比较喜欢挑战高难度问题的性格有关。

总之，戈凯汝不仅要学习好学校正常开设的各门功课和她选择的 IB 课程，准备 SAT 的考试，还要花大量的时间准备作品，再加上她对作品精益求精的认真态度，因此，时间的分配相当紧张。但我发现，面对重重压力，戈凯汝不仅没有表现出畏难退缩，而是沉着应对，快速成长，综合能力大幅提高。她表现出的对学习任务的规划能力和对时间的分配能力，着实让我感到惊叹。

戈凯汝进入大学后，我们回想她在高中的学习经历，发现她所在的高中的教学方式跟大学的教学方式基本相同。绝大多数课程采用开放式教学，学生需要用自己的观点去完成一项论题，也就是说，老师会提出一些主题性的内容，学生需要自己寻找各方面的信息和资料，加以理解、消化和总结，然后再提出自己合理的观点。所有的问题都没有统一的标准答案，学生通过自己的分析、研究和调查，写出论文，这也实现了高中跟大学学习方式的完美衔接。

可见，规划得越早，就越能对自己的人生方向有更加清晰的界定，既少走弯路，同时也更有毅力去实现自己的理想。对于孩子的学业规划，亦是如此。没有学习规划的孩子，就会缺乏学习动力，不知道学习的目标究竟是什么，就会觉得学习枯燥，甚至产生厌学情绪。另外，缺乏具象的目标，孩子盲目学习，也无法准确地找到方向。因此，父母要帮助孩子提前做好学业规划，让孩子在学习道路上一往无前。引导孩子做好学业规划，有以下3点可供参考：

1.让孩子认识自己，树立自己的人生梦想。这一步是后续所有步骤的基础，孩子的天赋能被自己和他人看见，并持续不断地投入时间、精力和心血，孩子就能充分发挥出个人的生命力量。当然，这个过程中，父母还要引导孩子树立正向的三观，培养孩子心地善良、有责任感等美好品质。

2.结合家庭实际情况、学校教育环境和社会时代背景，进一步对孩子的学业之路做考量分析。比如，家庭条件能对孩子的天赋发展提供怎样的资源和支持，孩子所在的学校以及未来可能入学的学校能够为孩子提供什么样的学习条件和拓展机会等。

3.制订具体清晰可操作的阶段性目标和实践方案。确定了终极目标，就可以一步步地倒推孩子该在什么时候读什么样的学校、选择什么样的专业、做什么样的事情等。当孩子能看见自己真正想要的未来、看到自我实现和自我超越的人生目标时，就会自发主动地学习，为实现目标而努力。

值得注意的是，在帮孩子制订学业规划的过程中，家长要扮演好作为推动者的角色。每个孩子都是独立存在的个体，家长要尊重孩子的个人想法和独立选择，不强迫，也不急于求成。学业规划也是一种学习和能力，父母太多插手或揠苗助长，反而会让孩子产生逆反心理，得不偿失。

大学的选择
——全球化的思考

2016 年和 2017 年的暑期，戈凯汝分别选修了加州艺术学院（California College of the Arts）和芝加哥艺术学院（School of the Art Institute of Chicago）的夏季课程。之所以要在正式进入大学前就让女儿去艺术学院学习，主要是希望戈凯汝在正式决定选择艺术专业的道路之前，对艺术学院的环境、教学方式和未来的艺术职业有一个亲身的体验和了解，如果不适应，不喜欢，还有重新选择专业的机会。戈凯汝在与旧金山相连的奥克兰市和芝加哥市读了两个暑期班，不仅对艺术学习加深了理解，同时也坚定了自己在艺术道路上发展的信心。两个学期，她领悟了很多创作的要点，开阔了思维，同时还选择了很多富有挑战性的创作课题，完成了一系列很优秀的作品。

戈凯汝对于自己忙忙碌碌的暑假印象非常深刻，从小学到高中的 12 年里，她确实放弃了很多，付出了很多，但也因此而变得更加充实和自信。努力的人一直都在努力，不努力的人总有理由放弃，孩子有积极向上的个性，我和太太感到特别欣慰。

申请大学并做出最后的选择，对我们是一个重大的考验。

按照习惯，戈凯汝在全球领先的美国艺术学校里选了 10 所大学，并给每所学校递交了要求提供的申请材料。没想到的是，这 10 所学校全都录取了戈凯汝，而且都给了她奖学金，提供的条件都非常好。

10 所学校摆在我们面前，该如何选择？这是一个异常艰难的事情。最终，我们反复权衡，选择了萨凡纳艺术与设计学院（Savannah College of Art and Design）。

我们之所以会选择这所学校，一方面是看中它是美国最大的艺术学院，历史悠久，师资雄厚；另一方面，戈凯汝想学习的插画专业，该学院在众多学院的专业排名中，名列前茅。另外，特别吸引我们的是，这所学校能够满足戈凯汝在大学期间有机会去更多地方、接触更多领域，了解世界各地艺术精髓的需求，因为学校在美国的萨凡纳、亚特兰大，中国的香港和法国的拉科斯特都设有分校。戈凯汝可以在不同校区轮流学习，感受来自不同国家的文化艺术体验。

2020 年，突如其来的新冠肺炎疫情打乱了戈凯汝的计划。戈凯汝回到上海，开始了长时间的网课学习。疫情虽然给全球人的工作和生活带来了巨大影响，但基本没有影响戈凯汝的学业。国内的环境安全而稳定，一定程度上可以让戈凯汝更加有效地学习。即使在家里上网课，戈凯汝也没有因此而松懈，仍然积极参与各种线上学习和互动。由于和美国时差的关系，很多课需要上到半夜或凌晨，戈凯汝没有任何怨言，相反，戈凯汝仍能圆满地完成每一门功课。大学期间，戈凯汝所有的课程成绩都是 A。学艺术的，老师可以随便根据自己的喜好和判断给戈凯汝的交付扣分，戈凯汝能够得到全 A，实在是太不容易了。

在戈凯汝的课程里，还涉及很多需要演讲作为学习成果交付的内容。演讲，确实能够锻炼孩子的逻辑思维，给推理论证提供一个表达的空间。通过演讲，戈凯汝的分析能力和逻辑思维能力都得到了很大提高。

人生的不同阶段都有不同的使命。学生阶段，要为以后人生的成功积蓄能力。为了这个使命，孩子必须学习忍耐、学会放弃、学会付出，这不仅仅是学习的需要，也是人生的一种修炼。所有学过的知识都不会白学，终将对得起曾经的努力。

要想督促孩子努力学习，就要让他明白下面几句话：

1. 学习从来就不是一件轻松的事。纵观身边的人，取得一定成就的人都经过了艰苦的努力。天上不会掉馅儿饼，只有通过不懈努力，刻苦钻研，才有可能成功。学习也是一样。国外教育不一定就是快乐的，因为国外的优秀生也必须通过努力学习，才能取得好成绩。所以，让孩子快乐成长的理念是正确的，但学习过程一定是辛苦的，寓教于乐的教育方式，并不意味着孩子不需要刻苦学习。

2. 不努力学习，就无法取得好成绩。每个孩子都不可能把学习当作是一件快乐的事，但优秀的学习成绩会带来快乐。只不过优秀的学习成绩的取得，需要孩子在别人玩游戏、看电影的时候，静下心来学习。不管孩子的心智成熟与否，都要首先确定一个目标，并为之努力付出。这个过程，不能用快乐来形容。快乐一般都是体现在学习结果上，孩子取得优秀的成绩、付出的辛苦努力得到回报时，学习的快乐就会显现出来。

3. 努力学习是一种责任。在上学阶段，特别是高中阶段，孩子的主要任务就是学习，增长知识和能力。对于这个阶段的孩子而言，努力学习就是他们的责任。在小时候不努力学习，没有目标，不懂得付出，长大后在工作过程中多半也不会付出。因此，要自小培养孩子积极向上、有担当、负责任的优秀品质。

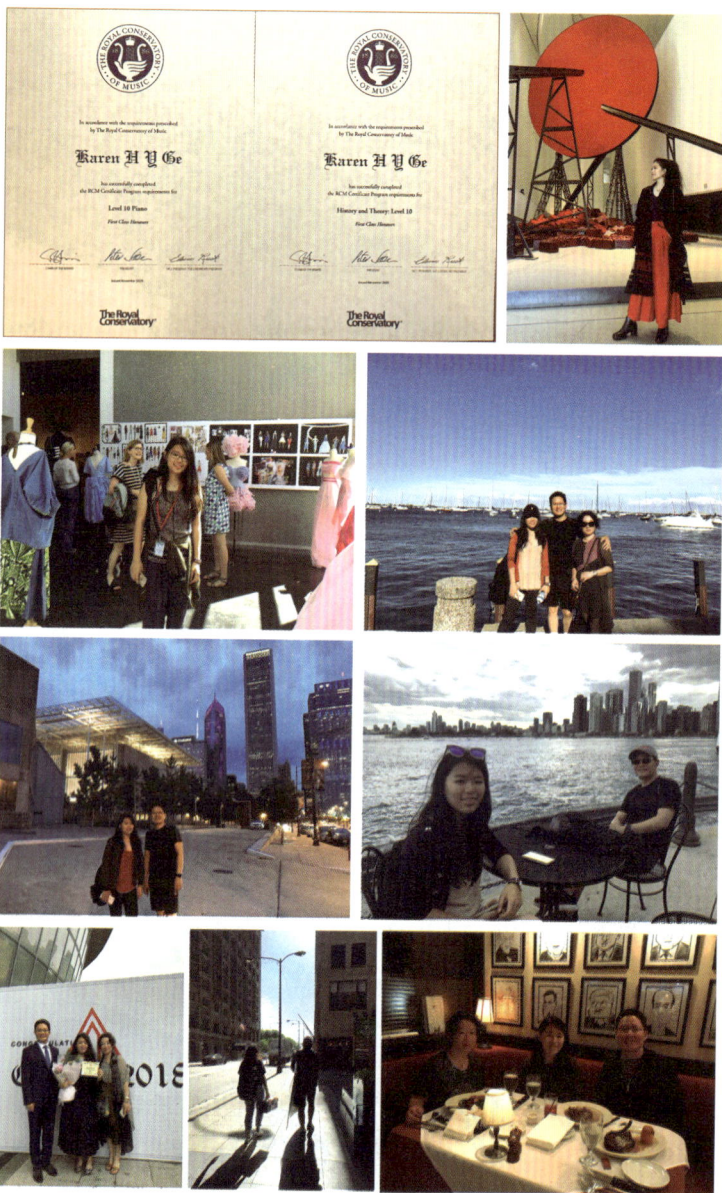

第五部分

2018—2022年 美国、上海 大学

美国校园的读书经历

——压力不一定能让孩子取得成绩

戈凯汝大学的主校区坐落在美国乔治亚州的萨凡纳市。主校区就像一座小城市，环境优美，建筑古老而优雅，美丽的校园有着浓厚的历史和文化感，就像一件艺术品，无论你走到哪里，都可以看到一件件精美的艺术品，包括建筑、公园、雕塑、室内装潢等。漫步在校园，如同漫步在梦境一般。

戈凯汝选择了插画专业。正式开课后，她将自己的绝大部分时间都花在了专业学习和各种艺术作品的创作上。该校的艺术类课程，都是以学生作品来证明学业水平，教授和同学会对学生的每一幅作品做出深入的评论。学习过程中，老师会不断地给学生提出一个个抽象的概念，然后让学生去发挥自己的想象力进行创作。

学生课上的主要任务就是接受老师的启发和指导，理解老师的要求，按照老师的要求完成作品。

插画作品多数都是靠电脑软件来制作完成。为了完成作业，学生们每天都要背着很重的书包，拿着材料、画本和电脑到教室。

课堂上，老师会把学生上交的作品，包括未完成的作品一一展示，然后让大家进行讨论和评价。这个过程中，学生可以分享创作这幅画的理念和过程。

美国艺术学校评判学生的作品非常看重整个创作过程，当然，独特的创意和表达方式也是至关重要的。对于每件作品，老师都会鼓励或要求学生给出10~20个不同的方案。虽然是一件作品，老师会给学生提供很多需要参考的内容资料目录。以画一个苹果为例，老师并不是只要求学生照着苹果画，创作出一个苹果就行，而是要求学生展示整个创作的过程。首先，要打好草稿；其次，将线条组合成一幅黑白画面；最后，着色。也就是说，一个方案的最终形成要经过3个步骤，即线条、黑白画面和色彩。即使完成了这3步，也只能得到初稿。而每件作品都需要10~20个这样的方案。

戈凯汝非常重视老师提出的要求，为了创作出精彩的方案，她时常苦思冥想，非常努力。这需要投入大量的时间，不停地琢磨。无疑，对她来说这是一种磨炼和挑战。

老师对方案的提交还有严格的时间要求，学生需要在规定的时间内完成，最短的时间是一天内。一天内要完成的作品，并不是我们想象中简单的几笔、潦草的内容，而是一件完整的作品。时间到了，即使作品没有完成，也要提交。因此，到了最终提交作品的时候，老师一眼就能看出这个学生是否发挥了想象力，是否动脑筋钻研作品了。这是对学生能力的考验，而戈凯汝几乎每次都是第一个提交作品的。

插画专业的学生除了要学习传统的插画技能以外，现在还都需要使用电子设备来创作。21 世纪是数字时代，追求的是速度和效率。为了便于作品的快速修改、传播和多媒体应用，戈凯汝需要学习和熟练使用电脑、平板电脑和各类流行的应用软件（比如 photoshop 或 AI）等进行创作和交流。尽管学习难度增加了，但跟学习传统插画、油画等创作耗时长、修改难、商业化程度低的缺点比较，现代插画艺术的商业应用场景更加广泛，随着网络经济的进一步发展，插画有着无限广阔的前景。

一分耕耘，就有一分收获。戈凯汝的努力获得了很大的回报。学院多次支付费用让戈凯汝参加多种国际艺术大赛，如美国 IDA 国际设计大赛，德国的红点设计大赛等。而戈凯汝也没有让学校失望，多次为学校赢得奖项。毕业的时候，戈凯汝荣获学院授予的最优异学业成绩等级，手捧学生能得到的最高荣誉毕业。

在学习过程中，孩子究竟有没有努力，努力了多少，从作品中一眼就能看出来。仅靠压力促使孩子去努力，得到的结果多半都不会令人满意，要想取得理想的学习效果，首先需要孩子有这样的需求和想法。

每个孩子的智力发展程度都不一样，在教育孩子的过程中，要根据孩子的天赋和后天努力，进行科学分析。

在戈凯汝的学习过程中，我们始终没有给她压力，也从来没对她说过"赶快完成作业"。看到她学得刻苦而执着，我们讲得最多的反而是"你不要太钻牛角尖""凡事适可而止"。努力的人有时会钻牛角尖，会想尽一切办法将问题解决掉，做事做到极致，有时会进入另一个误区。

如果一味地给孩子施压，会给孩子带来生理上的损害，让孩子变得越来越焦虑，从而影响思维发展，使孩子越学越笨。

如果孩子天赋有限，已经足够努力，但成绩依然平平，父母更不应该给孩子太大的压力，否则很容易事倍功半。影响孩子学习情况的因素有以下3点：

1.压力过大，会让孩子退缩。孩子长期承担巨大的学习压力，学习效率就会越来越低。对此，父母要采取正确的引导方法，不要对孩子提太高要求，同时，设法帮助孩子按时完成学习任务，缓解他们的紧张情绪。这样，孩子才能够学得愉快，学得牢固。

2. 命令太多，会让孩子抗拒。父母用自己的地位和权力去命令孩子做一些他不愿意做的事情，会增加孩子的痛苦，即使短时间内的效果似乎不错，孩子却快乐不起来，长期下去，很容易出问题。

3. 期待太高，会让孩子感到挫败。适度的压力，是孩子成长的动力；积极恰当的期待，会对孩子产生良好的激励。因此，父母要根据孩子的性格和学习特点，对他们提出恰当的期待和要求，但切忌对孩子提出过高的、难以够得着的期望。

戈凯汝的网课经历
——让孩子自律，对自己严要求

前面提到，戈凯汝一向对自己要求严格，无论是对老师布置的项目、课程还是需要提交的作品，态度都非常认真，都能在老师规定的时间内圆满完成，及时提交。而她班上有一些同学会拖延不交，哪怕老师反复地提醒他们，甚至警告他们，如果再不及时交付，就要给 0 分了。但是，还有少数同学依然我行我素。

孩子们之间为什么会出现如此大的差异呢？认真思考后，我发现有些东西可能是孩子与生俱来的素质，父母不必去刻意培养，仅需在必要的时候进行提醒，孩子的表现就可以超出预期。

自律也许就是一种先天禀赋。

大学期间，戈凯汝的学习成果是以 GPA 来衡量的。GPA 也叫成绩平均绩点。绩点是学生课程学习质量的体现，反映了学生掌握知识的程度。要想顺利毕业，学生不仅要完成一定的学分，还要满足一定的绩点。GPA4.0 是最高分，达到这个绩点，说明这个学生是最优异的。在整个大学所有的课程里，戈凯汝的成绩都是 A，GPA 是满分 4.0。每个学期，戈凯汝还会收到以院长名义发来的贺信。

看到戈凯汝成绩优异，我非常高兴；她能非常自律地安排好自己的学习，我更感到自豪。

中国有一句古话"君子有所为，有所不为"，其实说的就是自律能力。不做不该做的事情，把该做的事情做好。自律的孩子，长大也能成为人群中的亮点；反之，无论孩子多有禀赋，如果不自律，很可能会泯然众人矣。

对于孩子来说，自律与否，可以从他的日常表现中判断出来，如处事态度。遇到问题或事情时，自律的孩子知道自己想要什么，有自主能力，不会跟风选择。而不自律的孩子，只会拖延，找借口，放任自己。还有，对抗困难的勇气。自律的孩子一般都非常自信，相信自己的能力，遇到困难时，有勇气对抗，即使失败了，也不会气馁；而不自律的孩子，只会向后退缩，怨天怨地，不会反省自己。

自律的孩子，不仅能得到优异的成绩，其他方面的能力也更强，未来更有权利去选择职业；不自律的孩子，只能被选择。

如果自己的孩子没有自律的禀赋，那父母就需要对孩子多加引导了。引导孩子提高自律能力的方法有以下 3 种：

1. 通过专门训练项目，提高孩子的自律能力。心理学家曾通过给糖果的方法训练孩子的自律能力，具体做法是：给孩子讲明规则，如果孩子只吃一颗糖果，就可以随时决定吃糖果的时间；如果孩子想吃两颗糖果，就需要等待一段时间。孩子克制自己的欲望、等待吃两颗糖果的过程，实际上就是一个自律能力培养的过程。家长完全可以参考这个方法，在孩子完成某一件事后给予一定的奖励，从而培养孩子的自律能力。

2. 训练孩子对计划的执行力。自制力差的孩子大多没有规划意识，做事漫无目的，完全由着自己的性子来，或者玩手机、看电视，或者出去和别的孩子玩，真正专心用于学习的时间很少。对于这样的孩子，家长首先要帮助他们制订详细的时间计划，然后监督他们一点点地执行。孩子认真完成计划的同时，自律能力也会渐渐增强。

3. 家长是孩子最好的老师。家长的一言一行都对孩子有着潜移默化的示范作用。家长无法做到自律，做事总是半途而废，作息没有规律，甚至沉迷于赌博、酗酒或网络游戏，孩子也会受到影响。比如，做事不会有始有终、睡觉也会黑白颠倒、热衷于网络游戏……这种环境下，即使刻意去培养孩子的自律能力，结果也会竹篮打水一场空。

戈凯汝坚持学绘画
——有关天赋

2020 年和 2021 年，由于新冠肺炎疫情的原因，戈凯汝只能待在家里上网课。课间，只要我在家，她便喜欢来我的书房，坐在书桌对面，跟我谈论自己创作过程中遇到的问题，分享创作想法或修改方案。这时候，太太也会不失时机地出现，和戈凯汝聊一会儿。

其实，太太小时候也非常喜欢画画，只不过在那个年代，无论是家长，还是孩子，都不具备像今天这样的社会环境和家庭环境。虽然有兴趣，也没有机会去探索和实践。那时候，人们的生活条件普遍较差，即使生活在城市里，也不富裕，而学习艺术是需要激励和一定的经济实力来做支撑的。

太太出生于长沙，父母都是湖南师范学院（1984年更名为湖南师范大学）的老师，邻居也都是各系的老师，如数学系、英文系和艺术系。太太说，她家隔壁就住着一位教授级的油画老师，自己从小就看他画画，并在纸上模仿，她曾希望自己能够像这个老师一样画出最美丽的作品。虽然太太小时候的学习成绩并不突出，但她的绘画在学校很有名，绘画作品曾被挂在学校黑板上展览。可惜的是，当时没人真正给予激励和辅导，父母也不支持她在艺术方面发展，认为学艺术不赚钱，学了没用。就这么一句话一个决定，再加上家庭经济条件有限，阻断了太太学习艺术的道路。

但在和戈凯汝探讨绘画创作的过程中，太太的梦想又蠢蠢欲动了。她时不时地也能提出一些很有价值的建议，并拿出一些初稿。虽然没接受过专业训练，但只要提起笔，太太就能画出一幅像样的作品。看来，太太内心从没放弃过对绘画的渴望，只不过，为了照顾家庭，她没时间再去钻研和学习，没有得到展示她能力的机会。

太太曾经咨询过一些知名的画家或教授，为什么有的人提笔就能作画？得到的回答是，学艺术或学音乐都需要天分，没有天赋，学起来就很难。比如，音乐家，首先嗓子要好；舞蹈演员，身体比例要协调；绘画同样如此。如果没有天赋，无论老师怎么教，学生也不一定能成才。怎么理解天赋？打个比方，桌子上摆放一个白色物体，在灯光的照射下，用肉眼去看暖的部位和冷的部位，如果孩子能看出很多颜色，红的、黄的、蓝的、橘色的……这就说明孩子有天赋；如果怎么都无法看出这些颜色，说明孩子没有这样的天赋，学起绘画就比较难了。

再比如，有的孩子尽管学习非常用功，花费了很多时间，但还是记不住、学不会，考试成绩不好；反之，有的孩子花在学习上的时间并不多，却总能考班级第一名，这里天赋发挥着重要作用。

因此，父母在帮助孩子选择适合的专业之前，一定要做科学的分析，搞清楚孩子对某一学科、行业有没有天赋，他到底喜欢干什么，能干什么。如果觉得孩子对各类学科都不喜欢，也不要紧，毕竟，上苍是公平的，在给孩子关上一扇门的同时，也会为他打开一扇窗。

学习艺术相关门类的专业，更不能忽视爱好和天赋的作用，这个天赋可能来自父母的基因，也可能是后天环境的影响。所以，父母要尽早给孩子提供体验学习的机会，抓住发掘和培养的最佳时机。

3 只小狗的故事
——别具一格，培养孩子的创造性

前面提到，我们养的第一只小狗叫查理，查理和我们一起生活了 12 年。

2020 年 5 月 30 日早上，我们发现查理瘫在地上，一动不动，呼吸很困难，就立刻把它送到了宠物医院。医生对它进行了抢救，最后说，这只狗到年龄了，身体机能都已经不行了，很难救活。我们不愿意放弃，让医生给查理输氧。但医生坚持说，即使继续输，也不会有机会好转了，最明智的选择就是拔掉输氧管。

万般无奈之下，我们接受了医生的建议，拔掉了查理的输氧管，查理就这样离开了我们。

回顾跟查理一起生活的 12 年，它带给我们太多的快乐和温暖，也见证了戈凯汝的成长过程。我们把它当作家人，它似乎也能明白我们的语言，明白我们和它说的每句话。这种感受，是不能用言语来表达的。

我们将查理进行了火化，把它的骨灰埋在了后院的一棵橘子树下。

我们的心情非常低落，就像失去了一位亲人一样。经过一年时间的自我疗伤，我们才渐渐摆脱了心理阴影。戈凯汝又有了养一只狗的想法。

一天晚上，我们无意中在手机上看到一只小狗的照片，感到非常有趣，然后上购物网站去寻找这种小狗。戈凯汝居然找到一家顾客评价很高的商家，于是一下子就兴奋起来了。

跟商家取得联系后，我们约定第二天就去购买。路程很远，我也记不清楚当时将车开到哪了。大家心里只有一个念头，就是再买一只狗，再次一起享受十几年快乐的陪伴时光。

在商家那里我们看到很多可爱的小狗。我们把目标锁定在白色的比熊上。

我们在笼子四周观察，发现其中一个笼子里有两只比熊，虽然其他笼子里也有白色的比熊，但我们没有多加考虑，迫不及待地让商家打开了这个狗笼子。

商家将两只小狗抱出来，放到地上，让我们看看它们会不会跑，结果一只小狗一动不动地坐在原地，另外一只则东跑西跑，像个圆滚滚的白雪球，有手掌那么大，头顶上还有小一撮黄毛，非常可爱。就是它了，戈凯汝高兴地确认。

　　将小狗带回家后，戈凯汝非常开心。在她脸上我又看到了 13 年前得到查理时的那种笑容。戈凯汝给它起名叫塔克（Tucker）。从此，塔克成了我们家的一分子。

　　查理因为性格的原因，很护食，吃东西的时候，根本就不让我们碰。有了前车之鉴，塔克吃东西的时候，我们也不敢去碰它。但后来我们慢慢发现，塔克虽然是一只公狗，性格却非常温顺，即使我们从它嘴巴里抢食物，它也不会咬我们，这一点让我们喜出望外。塔克虽然只有一个多月大，但有时也有狡猾的一面。后来我们还发现，它很憨厚，很天真，各种表现总能让我们忍俊不禁。

　　给小狗起名为塔克，背后还有一个故事。

　　大学一年级的时候，戈凯汝创作过一个动画视频作品，内容是这样的：一只狗妈妈在路上寻找丢失的狗宝宝，走到途中，碰到了一只流浪的小狗。这只流浪狗认为这就是它妈妈，于是一直跟着狗妈妈。狗妈妈告诉它，你不是我的小宝宝，我的小宝宝走丢了，我正急着找它呢。这只流浪狗却不放弃，一直跟着这只狗妈妈。后来，狗妈妈想，自己的孩子走丢了，可能也会变成一只流浪狗。看到眼前这只流浪狗跟家人走散，非常可怜，狗妈妈决定收养这只小狗，并让它跟自己一起去找丢失的孩子。后来，它们终于在森林里发现了那只丢失的小狗，3 只狗组成了一个幸福的新家庭。戈凯汝给这个作品起名叫《Tucker》。

这个作品是以视频形式呈现的。按照老师的要求，作品主角只能用黏土做，除了黏土，作品中用到的其他材料必须是从大街上捡来的，或者家里丢弃的、可以再回收再利用的材料。为了做好这个作品，戈凯汝下了很大的功夫。她到街上捡回来一些纸盒子，然后又找来一些沙土、杂草和小树枝，搭建了一个狗狗们出没的场景。之后，她用黏土捏出了3只憨态可掬的小狗，然后拍成动画片。

拍动画片的过程非常不容易。首先，小狗的每一个动作就是一个镜头，拍完无数个镜头后，还需要把所有的镜头有机地连贯起来；其次，要配音解说、配乐、编辑，完成整个动画片的制作……整个流程都由戈凯汝独自完成。

作品提交后，老师和同学们都非常惊讶。戈凯汝居然能够把一个非常繁杂的故事通过一个动画片表达得如此完美。

用塔克命名我们家的第二只小狗，我相信戈凯汝是希望她在动画作品中展现的美好生活在现实中得以延续。

从这件事上我发现，每个孩子对世界的认知都有一个过程，让孩子经历美好善良的东西，孩子就会有一颗美好善良的心，这颗美好善良的心可以让孩子产生很好的创造性。

每个孩子身上都埋藏着好奇的天性。父母有责任创作条件，让孩子的天性生根发芽、向上向善，茁壮成长。引导孩子提高创造性，有以下 4 个方面可供参考：

1. 培养孩子对不同事物的好奇心。在生活和学习中，不要让孩子局限于狭小的范围内，要引导孩子广泛阅读，亲身实践，对不同的事物都怀有好奇心，增强思维的内驱力。孩子学识丰富，就能从看似无关的事物中感知到其内在联系，产生出超乎寻常的想法。

2. 训练孩子的发散思维。为了激发孩子的好奇心和发散性思维，可以让孩子做一些趣味数学题，或让孩子阅读幽默故事、脑筋急转弯等，从而使孩子打破思维定式。孩子遇到了问题，不要急于给他们答案，可以多问几个"为什么"。多跟孩子互动和交流，不仅可以强化亲子关系，还可以提升孩子探索问题和独立思考的能力。

3. 训练孩子的逆向思维。为了解决问题，可以让孩子从反面观察事物，做与习惯性思维不同的探索；引导孩子用逆向思维讨论其可能性，鼓励孩子从不同角度研究问题。

4. 训练孩子的联想思维。为了让孩子多方面观察和思考问题，可以鼓励他们通过大胆联想寻求答案，训练他们的灵感思维。孩子通过后天的训练，就有可能激发出灵感思维。

孩子真的长大了

——活成她喜欢的样子

新冠肺炎疫情暴发后，由于出行受到很大的管控，我跟家人在一起的时间骤然增多了，这也让我有了更多跟孩子在一起的机会。

对于戈凯汝的成长，我无限感慨。我最近常对太太说，我们的关心和培养没有白费，不管孩子未来发展如何，但她一定是一个善良的人、追求上进的人。让她活成她喜欢的样子吧，未来需要我们操心的事情越来越少了，因为现在孩子真的长大了。

2022 年 5~6 月期间，上海疫情严重，各种供应遇到很大的障碍，为了方便人们购物，小区建立了各种团购群，戈凯汝当仁不让地承担起保障家里物资供应的重任，她实时跟踪团购信息，制订采购清单，跟团订购各类物资，并确保及时送达。这些事情以前都是我跟太太需要关心的，现在戈凯汝接手过去，且做得很好。

物资到了之后，放在小区大门口，通知我们去拿。太太跟戈凯汝会戴上口罩，做好防护，出去取货。戈凯汝会主动抢着把最重的东西拿在手上。以前，我们一家三口出去买东西，多数都是我们拿着，现在她却勇于用自己稚嫩的肩膀扛起家庭生活的重任。

这期间，每天下午 3 点戈凯汝都会锻炼一小时，根本不用我们提醒。看到她严格要求自己，心态积极向上，我和太太都觉得特别欣慰。

我相信，不管戈凯汝将来面对什么挑战和考验，我们 20 多年来帮助她建立起来的自信自强的意志、品质和良好的综合素养会成为她人生最坚实的依靠，她的人生一定会非常富足，且会走得很好。

后 记

（一）我与太太认识之前

1982 年，那年我 17 岁，考上了华东政法大学，学习国际经济法专业。大学 4 年期间，我每年的成绩基本上都是全年级第一，是妥妥的一个"学霸"。

1986 年大学毕业，我荣获"上海市优秀毕业生"称号。那一届的毕业生一共有 400 多人，获得这个荣誉称号的只有 2 位学生，我就是其中之一。毕业后，我到广州外国语学院出国人员培训部学习 1 年。当时，司法部从全国 4 所政法院校选了 2 个班的学生到广州外国语学院培训。培训期间，我认识了司法部请来的一位老师，她是来自美国卫生和人力资源部的高级法律顾问，名叫伊芙琳·麦克切斯尼（Evelyn McChesney）。我是当时二班的班长，她非常喜欢各方面表现突出的我。

她的博学和友善对我决定赴美深造影响很大，她还为我1992 年去美国留学提供了很多信息，同时，提供了经济担保。出国的过程中她还给了我很多帮助，让我能够顺利申请到美国路易斯克拉克大学西北法学院攻读法律博士学位。她是我生命中的一位恩人，因为她，我的人生才能够活得如此与众不同。

（二）我们认识并结婚

1987 年 7 月我结束了在广州外国语学院的学习，被分配到了江苏对外经济律师事务所工作。该律师事务所是当时全国司法系统第一批官办的涉外律师机构，专门为省内各大中型企事业单位对外经济经贸投资提供法律服务。当时全国同类的律所很少，能够进入省级对外律所工作是让人艳羡的事情。进入律所之后，我认识了我太太，她当时在律所做文秘工作，工作态度认真，为人热情，很受大家的肯定。

接触的时间长了，我们俩就走到了一起。

当时我们的工资都只有两位数。记得有一次我去北京出差，给太太买了一个包包、一支口红和一件衣服。那个包是用羊皮做的，只要 10 元钱，但在当时已经算是很贵了；口红最多只有 5 元钱，衣服是 15 元，总共 30 元。我太太觉得已经是很奢侈的消费了。

我学的是国际经济法，主要工作并不是通常意义上的诉讼或通过非诉方法解决法律纠纷，而是涉及国际经贸的商事法律服务。由于我在大学期间对国际知识、经济知识和法律知识涉猎很广，英语水平较高，所以在律师事务所的工作也能迅速得心应手开展起来，并取得较好的成绩。比如，作为项目法律顾问，我为江苏省当时最大的一个中外合资项目引进国外成套化工生产制造设备提供全面的法律服务。虽然当时自己非常年轻，面对的是来自德国、荷兰等西方大公司的资深律师和强大的商业团队，但我能够出色地协同项目方完成项目的各项谈判和全套中英文法律文件的起草和审定，除了国内的客户非常认可我之外，外方专家也高度赞扬我的工作能力和效率。由于有了很好的口碑，后来，省内不少重大的涉外项目我都能够有机会参与。

20 世纪 80 年代兴起了出国潮，很多优秀的年轻人都跃跃欲试。我太太也非常支持我出去进修。我一边工作，一边根据伊芙琳·麦克切斯尼给我提供的一些美国法学院的信息和自己在书店找到的美国大学资料汇编，找了其中 10 余所比较著名的法学院，根据对方要求，提交了申请材料。不久，居然收到了好几所学校的录取通知。然而，由于当时的出国潮愈演愈烈，而且有"大学毕业生必须服务 5 年才能出国"的规定，我的出国愿望只能暂时搁置。

（三）去珠海，到深圳

塞翁失马，焉知非福？虽然没能够马上出国，但很快我得到了另一个好机会。

当时，江苏省经贸有关部门正在深圳和珠海两个经济特区建立派出机构，招商引资，推动合作，在省内招聘这类人才。我的涉外业务能力比较强，看到这样的机会非常兴奋，于是赶忙写了厚厚的一份申请，领导便选择了我，由省里直接下发了调令，就这样，我去了珠海，走到了对外经贸活动的第一线，在当地开展招商引资和经贸工作。

那真是一个激情澎湃的年代！深圳、珠海特区成立不久，可以说，处处是机会，到处要人才。我被特区的开放环境深深感染，格局和思路一下子打开了。

到珠海不久，有一天在看《深圳特区报》时，无意间发现深圳一家全国最早一批上市的企业正在全国招聘优秀人才，开拓国内外市场。招聘广告非常吸引人，吸引了来自全国各地大概5000人报名参加考试。

　　太太问我，竞争非常大，想不想去接受挑战？她知道我的个性，越是有挑战，越想去尝试。我决定去深圳试一试。

　　从得到这条信息到提出申请、接到通知赴深圳考试，前后只有一个星期的时间。而考试的科目很多是我在大学里没有学过的，有的内容还比较偏，自己平时也没有机会涉猎。比如，商品知识、工业管理、外贸英语等。为了应对考试，我立刻去书店买了一摞书，开始学习。

　　一个星期后，我登上了从珠海九洲港码头到深圳蛇口的航班，到深圳参加考试。功夫不负有心人！我最终击败了其他应聘者，也顺利通过了面试，获得了集团业务管理部主管的职务。这个部门是集团的一级单位，管理着集团 10 多个下属公司和本部 10 多个进出口部门的日常业务工作。上任不久，我被晋升为部门总经理。公司为什么会选我？我想，这可能跟我的履历和能力积累有关。大学期间，我就具备了跨学科学习的能力，懂经济、法律和外语；得益于长期担任学生干部，有较强的沟通、交流和处事能力；在律所期间，又经历过不少重大国际项目的锻炼……过去的所有经历，都成了抓住机会的基础。

（四）我去美国学习

20 世纪 90 年代，改革开放政策持续推进，国家对人才出国留学持更加开放的态度。对照规定的大学毕业生完成 5 年服务期后方能出国，于我而言，也将期满。我出国留学的念头又被激活。我跟伊芙琳·麦克切斯尼再次联系，提出了希望她能够支持我、做我赴美留学签证必须有的经济担保人的不情之请。要知道，这不是一个简单的文字担保，需要担保人披露自己的资产情况，并需承诺，如果我在美国学习和生活时，发生经济困难，老师将全责负担。但老师非常支持我，义不容辞地为我出具了担保。

1992 年 8 月份，经过了一系列的出国审批流程，我从深圳启程，过罗湖海关经中国香港抵达美国波特兰市，开始了我在路易斯克拉克西北法学院的留学生涯。

去了美国之后，我太太跟我保持着通信联系。那个时候除了书信联系，还有长途电话，但费用极高，加上时差和我晚上有选修课程，就很少用电话。当时也没有电子邮件，没有手机，更没有微信等即时通信工具。一个人如果没有较强的定力，生活一下子发生如此大的变化，要挨过那个适应期，非常不容易。

我和法学院另外 3 个同学在靠近法学院不远的地方租了一套小别墅。3 个同学，一个来自美国亚利桑那州凤凰城，一个是乌克兰基辅市人，还有一位是塔吉克斯坦人，真可谓是一个国际大家庭了。大家都是学生，经济条件都不太好，但相比之下，我的条件则远超 3 位同学。美国同学，由于很快在附近的温哥华市（美国俄勒冈州的一个城市）找到了一份兼职工作，可以说解决了温饱问题；塔吉克斯坦的同学由于得到一家美国机构的资助，生活勉强能够维持；但乌克兰同学的情况就比较惨了，经常有吃了上顿没下顿的情况。一开始我还没留意到这个情况。有一天他突然跟我说，他身上一点钱都没有了，能否借他一片面包。这时，我才发现自己真的太粗心了。我马上跟他讲，冰箱里我的面包、牛奶，你可以随便吃。这以后，平时我采购食品时也会有意多买一些，以备他的不时之需。乌克兰同学毕业后和我就没有了联系，只是听说毕业后他干得不错，在基辅的一家国际律师事务所工作。

尽管学业繁忙，生活拮据，但 3 位西方人的性格是开放的。周末，我们 4 个人经常会一起聚餐，说说笑笑，玩各种游戏，不亦乐乎。外国人喜欢喝啤酒，我们就将啤酒罐积攒起来，攒到一定的量，再把它卖掉，卖掉的零用钱，我们会放在一个罐子里，等再聚会的时候拿这笔钱来买吃的。

美国的食品非常便宜。只要不买特殊的或有机食品，在食品上需要的开支并不大。我是地道的中国人，喜欢算账，每次买东西，都会在脑子里反映出 1 美元相当于 8 元人民币（当时的汇率）。20 世纪 90 年代初，内地年轻人的月工资只有一两百元，深圳职场年轻白领也就七八百元。1 美元等于 8 元人民币，对于那个年代的人讲也是非常高的。虽然那时候我手里有 2 万美元，但还要负担部分学费、付房租、买保险、交医疗费，其实这些储备不算多，需要未雨绸缪。但 3 位同学则表示不理解，美国同学还当面问我，你有钱为什么不花？我们没有钱，但即使是贷款，也要花。我只能解释，中西方文化确实差异很大，中国人节俭的生活方式，跟西方人完全不一样。

到了美国后，除了学业紧张外，生活的各方面支出变得谨慎了，还有一个问题就是交通。出国前，国内拥有私家车的家庭微乎其微，我也从来没有摸过方向盘。记得飞机起飞前，我给学校的老师打电话，询问下了飞机后如何到学校。老师非常客气，给了我详尽的指点，然后说，你可以租车，不建议打出租车，因为太贵了。我说我不会驾驶啊！这时老师才突然反应过来。说她会到机场接我。到了学校，老师陪我吃了一顿饭，然后把我送到学校临时为我安排的宿舍。她告诉我说，可以免费住一个星期，这期间，我可以边上预备课，边找房子。这时，我才发现，没有车，在美国几乎寸步难行。为了解决交通问题，我很快找到了在市中心的州车管局（DMV），在那里，临时学习了几个小时的交规后，顺利通过了书面测试。随后，我拉着一位有驾照的中国籍学长，迅速去车行买了一辆二手车。在得到车行销售人员和学长的几分钟简单指导后，我居然自己摸索着上路了。现在想想，真不知道当时的勇气是从哪里来的。还好，波特兰的公路非常开阔，车辆密度也不高，人们也非常友好，一路上没捅出什么娄子。后来，我抓紧时间在学校附近的一片开阔的墓地里练车，练到一定程度，我参加了有考官坐在副驾驶位上的驾驶执照考试，结果一次就成功，我成了名副其实的"有车一族"。

（五）太太来美国探亲

到达美国不到半年，我的生活和学业慢慢走上了正轨，太太到美国探亲就提上了议事日程。

这时候，我离开了和 3 位同学合租的别墅。有了车，选择的范围也广了很多。经过探访，我搬到了当地一位老太太家里。那个老太太的丈夫多年前已经去世,一个人住一栋大房子,希望有个学生陪她一起住。一方面,家里能有个人照看;另一方面,也可以帮她做些花园的工作,包括翻土、浇水、割草等,而且这些工作可以折算成时薪,抵扣房租。我和老太太一拍即合。

办理了相关手续后,太太很快就来到美国和我团聚了,生活一下又变得丰富起来。

我们居住的区域是地下一层,其实是个半地下室,因为房子建在一个坡上,客厅和书房正对着一个大草坪,卧室、厨卫是半层在地下,有窗户。由于防水防潮做得很好,也没有居住在地下室的那种阴暗潮湿的感觉。

有一天晚上,我们多炒了几道菜。虽然我太太不擅长炒菜,但因为是自己亲手做的,也觉得味道不错。我们没有注意的是,美国的油烟机对付不了中式炒菜的油烟和香味,有一些油烟都飘到楼上了。第二天早上,老太太笑着告我们,昨晚她睡觉比较早,梦里居然闻到我们炒菜的味道了。

生活和学习步入了正轨,再加上太太来美国了,我就更加专注于学习,保持自己一贯不服输的奋斗作风,成绩在班上也一直领先。期间,我参加了学校举办的模拟法庭辩论,赢得了年级的"最佳口才奖"。对于那个年代的中国人来说,想要学好英文,非常不容易,因为没有英文学习的外部环境;而在这样一个竞争激烈、强手如云的美国西部私立的法学院里，能够拿到年级"最佳口才奖"，确实是值得骄傲的一件事情。

当时，虽然手上备着一些钱，但每天只出不进，终究不是长远之计。为了让生活无忧，到了第二年，我在波特兰市的律所找了一份兼职工作。其实，那个时代的留学生，到了美国后，都会立刻打份零工；而我为了有更多的时间学习，一直都没在外面打工，直到自己感到学习得心应手了才开始工作。我的经历跟一般的留学生确实有点不同。做了兼职后，多了一份收入，我感到非常开心。但虽然有了收入，我们依然非常节约。

比如有一次，我们俩打算换一个床垫。开始的时候，打算去家具店购买，其实当地的家具打折后并不贵。但偶然间，我们在当地报纸的夹缝广告中，看到了一个销售旧床垫的小广告，价格更便宜，于是就记下地址。当天正好是周末，我们下午就开车去找。可是，由于地方比较偏僻，天都快黑了，我们依然没有找到卖家。

那时候既没有全球定位系统，也没有导航，我们只能照着地图找。我负责开车，太太在地图上查找，然后指给我看，遇到看不懂的地方，还要跟我商量。

我们下了高速，沿着小路一直开了很远，终于在一个非常偏远的空旷房子前，找到了我们的目的地。

我们下了车，一个农民打扮的白人招呼我们，从谈吐看，对方文化水平不高。我们看了看床垫，觉得质量还行。对方报价20美元，我们砍到15美元，对方觉得床垫比较新，还是席梦思的，不愿意卖。我们根本不知道"席梦思"这个品牌，被对方说得云里雾里的。但在价格上我们还是不想退让。几个来回之后，他有点不耐烦了，目露凶光。

太太发现了这一幕，看到天色已经暗下来了，便催促我赶快成交。最后，我们用20美元买下了床垫，将床垫抬到车顶上绑起来，原路返回。

现在想来，当时日子虽然过得有些艰苦，但我们并不感到有多么难熬。为了一个20美元的旧床垫，能够跑那么远的路，确实挺令人惊讶的。不过，生活不就是由这点点滴滴难忘的小事组成的吗？

（六）我的学习和成绩

美国是个判例法的国家，也就是说，多数法律都是通过一个个诉讼的判决、最后得到固化而形成的。要想学习美国法律，就必须先学习那些联邦法院和州法院的著名判例，然后了解案例中每个法律的原则性条文是怎么推导出来的，最后进行归纳，形成自己的知识体系。

每个代表性法律条文的背后，都有一个或一系列非常著名的案例。这些案例一般都有着非常强的普适性，今后再遇到类似案例，相关法院就会参照这个案例进行判决。如果事实有一定的差别，法官就会对原有的判决进行演化推导，从而形成新的判例。

因此，为了学透法律，我们就要通读大量的案例。课堂上，老师会把需要学习的重点案例布置下去，我们每天都要读上百页的案例。使用的课本又大又厚，就像国内的大型中英文字典一样，字小、纸薄，还是正反面，密密麻麻的。一天要上几门课，书包根本就装不下，有些力气小的女同学只得拖着小推车去上学。

每天的阅读量如此之大，对我的视力影响很大。去美国前，我的视力一直是 1.5，总以为这辈子我和眼镜无缘。没想到，到了法学院高年级，也不得不戴上眼镜了。

班上有些同学会走捷径，拿些辅导资料做参考，不去通读案例。那些资料把案例的案情做了简单总结，也把法律条文推导出来了，可以帮助大家大大压缩通读案例、推导规则的过程，但我不愿意这么做。我认为这是投机取巧，无法牢固地掌握知识，只能知其然而不知其所以然。

在美国，要想进入法学院，非常有竞争性；要想学好法律，需要通读无数的案例，也非常不容易；要想取得毕业证书，最后通过律所资格考试，那就更难了。由于整个过程非常严谨，不少学生学到中途就放弃了。对于初来乍到、英文是非母语、对美国历史人文社会和政治经济制度又不太了解的中国学生来讲，如果不努力学习，肯定无法得到高分。

学习的过程是艰苦的，其中还不乏惊心动魄。有一个插曲让我至今记忆犹新。

那是一次期末考试，学校确定了具体的考试时间，但我居然把时间给搞错了。考试安排在当天下午，但我误以为是第二天下午。

由于前一天晚上学习得太晚，当天中午我在家午休片刻。太太没有午休的习惯，正在书房做着家务，突然电话铃声响了，是学校老师打来的。对方说，你能不能马上通知你先生，让他赶快到学校来考试？考试已经开始20多分钟了，他为什么没来参加？学校老师真的非常负责任，居然打电话到家里来。

挂掉电话后，太太立刻将我叫醒，问我，今天是不是有考试？老师来电话了！我睁开眼睛，立刻从床上跳起来，连声说，完了，我记错时间了，确实有考试。我冲到楼下，开车直奔学校。

我们家离学校差不多有近40分钟的车程，加上我已经耽误的时间，大约损失了1个多小时，考试时间总共3个小时。冲入考场后，我立刻找到自己的座位，拿起笔，头也不抬地写了起来，终于在规定时间内答完了考卷。后来，我的这门功课的成绩居然还拿了 A-，成绩还是名列前茅，有惊无险！

2012 年 4 月 5 日，那是我毕业后的第 17 年，考虑到我在学校时的学业表现、毕业后的工作经历和对母校持续的支持和关心等因素，学校给我颁发了"杰出商法毕业生奖"。该奖项自创立以来，每年只颁发给一位校友，非常珍贵。

收到学校通知后，我们一家三口飞到美国参加了盛大的颁奖典礼。典礼是在波特兰市中心的一家大酒店举行的，俄勒冈州的最高法院和联邦法院大法官，当地各知名律所的代表，母校的校长，法学院院长、教授、学生代表，以及我当时服务的英特尔公司的领导、法务部门领导等都出席了。

在颁奖典礼上，我发表了题为"人生的 3 个重要抉择"的演讲，获得了全场热烈的掌声。演讲的核心内容后来被翻译成中文，在国内网络媒体上热传，现在还能找到，激励了不少人。

附：

人生的3个重要抉择

戈峻

2012年4月5日

阔别 17 年，再次回到母校，我迫不及待地来到法学院，沿着记忆中的小道，在熟悉的教室、露天剧场、庄严的法律图书馆和美丽的上校区漫步徜徉……这让我想起多年前我首次踏入路易斯克拉克校园时那个"明媚的夏日"。那时我是个追逐梦想的中国人，年轻而雄心勃勃。

我在路易斯克拉克大学求学3年半，并于1995年12月从法学院毕业。尽管我在英特尔的工作让我多次回到美国，但是忙碌的日程安排却让我无暇重返法学院，拜访我在这里的教授和朋友。然而，在我内心深处，路易斯克拉克大学永远占据着一个非常特殊的位置。

生活充满各种可能性和选择。我想与大家分享过去20年中我所做出的3个重要选择，并阐述路易斯克拉克是如何启发并塑造我的人生之路的。

首先是我与路易斯克拉克大学的缘分。从华东政法大学一毕业，我就被路易斯克拉克大学录取，但是鉴于当时中国的政策，我必须等待5年才能入学。5年的时间，会发生很多事情。在那段时间，作为中国"文化大革命"后的首批律师，我参与到中国改革开放初期最重要的一项中外合资项目谈判中。项目成功完成，我自己也得到了中国政府的认可。这次项目经验将我的法律职业生涯带入快车道。1989年，我加入中国首批上市的3家公司之一，并晋升为企业管理总监，负责领导一系列大型商务活动，其中包括国际贸易和投资。当时，我只有 25 岁！在那 5 年里，我结婚成家，过上了较为舒适的生活。

但是，我从未放弃过自己的梦想。5 年期限一解除，我就毫不犹豫地辞了职，并登上前往法学院的飞机，半年后，我妻子也来到美国与我团聚。当时，所有人都认为我的行为极其疯狂，我却坚持自己的想法：在法学院深造是我的梦想，也是我的选择，没什么能阻止我追逐梦想。回想这段经历，我很高兴我做出了这样的选择，否则，我也不会取得如此成绩。

路易斯克拉克大学的求学经历为我日后开启一段全新的、更富冲击力的职业生涯奠定了良好的基础。随后，我立刻迎来了第二个重要选择。事实上，它是我第一个选择的延续。1995 年 12 月，我获得了法学博士学位，并通过了华盛顿州的律师考试。当时，我有两个选择——或者在西雅图一所美国西北地区规模最大的律师事务所当律师，或者加入高科技跨国企业英特尔。经过艰难的思想斗争，我勇敢地选择了英特尔，踏上了一条风险更高的路途。毕竟，当时的我，对技术知之甚少，而加入律师事务所在当时看来是一个比较明智的选择，也能很好地实践我在中国和美国法学院学到的知识，况且，我还曾在该律师事务所实习过两个暑假，那里对我来说是一个舒适和得心应手的环境。

这就是生活之美。你以为自己步入了一片未知的水域，你担心自己被淹没，然而生活却会回报那些坚持不懈的人。就我个人而言，在中国市场刚刚开始腾飞的时候，我就加入了英特尔，那时，确实需要有人来帮助英特尔开发中国市场、建立工厂并部署和搭建业务框架。而英特尔并不熟悉中国的商业和法律环境，这恰好是我巨大的优势所在，这让我有机会发挥领导力并有与众不同的表现。

在英特尔位于美国俄勒冈州的公司短暂停留之后，我觉得我必须继续进取，冲击更多的机会。我成功地说服了我的上级领导把我派驻到中国香港，并成为当时英特尔在亚太区唯一一位法务领导，支持公司在亚太区的所有业务。这是一个艰难的决定，却是我自己的选择。当时我的家人和朋友都反对，不明白为什么我要在美国辛苦获得成功之后离开，我自己也没有一个明确的答案，但是我觉得我必须去，因为我相信那里有更大的、不可错过的机会在等着我。我认为，凭借在路易斯克拉克所学到的知识，再加上之前我在中国的工作经验，肯定能创造出神奇的未来。

我在英特尔香港亚太地区总部工作了7年多，这确实是一段难忘而非凡的经历。因业务需要，我踏足了亚洲大多数国家。我深入参与了英特尔中国业务的发展，无论是开设研发中心、建立数十亿美元的工厂、建立英特尔销售办事处，还是解决知识产权的复杂问题。工作期间，我赢得了许多专业上的认可，其中包括我所获得的"中国最佳企业法律顾问奖"。那段时期，我还在香港中文大学攻读高级管理人员的工商管理硕士学位。这并不像听上去那么轻松美妙，连续两年，我的每个周末几乎都是在教室中度过的。

做出两个重大选择后，身边所有人都以为我会快乐地定居在香港。香港确实是一座适于生活和定居的城市。2000 年，我的女儿戈凯汝在香港出生，然而我已经开始考虑我的下一步规划。我仍然记得，关于我要求调往上海工作的传言在香港公司内部传开时，包括我老板在内的每个人都非常惊讶。

我告诉我的老板，我之所以选择回上海，是因为我相信我可以为英特尔发挥更大的作用。当时，中国刚加入世界贸易组织，市场正经历着前所未有的变革和重组，我可以为公司做的事非常多。2003 年，我协助公司重新设计了自己的薪资结构，基本以降薪的方式调至上海。现在，所有的香港同事都钦佩甚至美慕我当时的决定——每个人都说我做出了最明智的决定。我个人不仅参与了英特尔在中国大陆的爆发式增长，也从宏观发展中受益匪浅。

这就是过去 20 年我所做的 3 个重要选择的故事。现在，让我们回到最初谈到的一点——生活充满各种选择和可能性，重要的是你是否愿意以及如何拥抱并塑造它们，即使它们第一眼看上去并不吸引人。

当我 1995 年首次加入英特尔时，英特尔在中国只是一个非常小的销售办事处，员工不超过 100 人，年收入只不过是英特尔全球收入的一个零头。没人会想到，17 年后，英特尔在中国的业务会几乎覆盖这个国家的每个角落，员工超过 8000 人，年收入达数十亿美元。中国超过美国成为全球最大的个人电脑市场。

随着中国进一步发展，我们面前出现了更多机会——智能手机、平板电脑、云、嵌入式。我有幸成为发展的一部分并参与了这里的每一个重大项目。事实上，成功很大一部分取决于你能为别人和社会实现什么，这也是我多年前从路易斯克拉克大学学到的重要价值。

（七）为梦想而努力

我在美国留学的时间一共 3 年半，这 3 年半，是我人生的重要经历和宝贵财富。1995 年年底毕业后，我选择加入英特尔公司。

英特尔是高科技企业，主要生产电脑芯片，实力非常强大，世界上大约 80% 的电脑芯片都出自这家公司。英特尔当时实施全球发展战略，特别看好亚太市场的强劲增长趋势。面向全球招募人才，要求不仅要了解美国本土的制度，了解亚太地区的法律，还要拥有亚太地区经济贸易等各方面的知识。我的背景和英特尔的要求非常吻合，加上我从法学院 3 年级开始已经在英特尔公司位于俄勒冈州的希尔斯伯勒（Hillsboro）职场有了近一年半的实习经历，这个机会自然就落到了我的头上。

我加入英特尔的一个重要动因是希望能够帮助公司业务在亚太地区特别是在中国取得快速发展。在实习期间，我了解到公司有在中国发展的计划，但战略不够清晰，很多问题都亟须解决。

1996 年初，英特尔公司总部按计划派遣我到香港，进入公司的亚太地区总部工作。这时，内地的改革开放如火如荼，很多跨国企业都在香港设立了地区总部，希望以此为基地，抓住中国改革开放的热潮，把业务扩展到上海、北京、广州、深圳等大城市，然后深入到二三线城市。在英特尔公司近 20 年的工作履历中，我也能够不负众望，成功地帮助公司在中国上海、北京、深圳、成都、大连，越南的胡志明市，马来西亚的槟城，印度的班格罗尔等城市投资落户，做了很多特大型项目，打开了英特尔在中国和亚太其他地区市场，特别是促成了公司和国内许多头部高科技公司的合作，完成了近 50 亿美元的项目投资，我的职务也逐渐从一名基层员工晋升到了全球副总裁。

从 1996 年初来到香港开始，我就一直非常忙碌。英特尔在整个亚太区的布局和业务发展非常快，在中国大陆的发展更快，特别需要我全力以赴参与，自然也就没时间要孩子了。一直到了1999年，各方面相对比较稳定了，我们才决定备孕。这个阶段，我一边工作，一边还利用每个周末在香港中文大学学习，2000年6月我获得了香港中文大学工商管理硕士学位，女儿戈凯汝也在2000年的8月份出生，可谓是事业、家庭和学业三丰收。

我在英特尔公司工作了18年多，如果加上在法学院学习期间在英特尔一年半的实习期，一共超过20年的时间。2014年，一个新的机会来临了。当时苹果公司加大了亚太和中国地区的投资和市场开拓力度，需要一位富有经验的全球副总裁来推动各项工作。凭借自己的实力，我和包括苹果公司首席执行官库克在内的多位高层面谈后，最终决定离开为之奋斗了20多年的英特尔，加入苹果，担任全球副总裁。

这期间，我做了大量的工作，特别是推动了苹果公司在中国大陆和港台地区的中长远战略建设，产品和服务的落地和合规，重大投资的立项和落实，与产业链的深度合作，营销渠道的拓展，客户群体的沟通和维护，企业社会责任的履行，政府关系的维护，各类纠纷的处理，等等。而苹果公司数据中心在中国落地、苹果第一份企业社会责任颁布、库克先生到访中国和国家各部委领导、大学及产业领袖的拜访见面，苹果公司对中国的各项捐资等重大事项，都是由我负责计划和安排的。

2018 年，大数据、人工智能、自动驾驶等相关行业风起云涌，异军突起。这时，一家当时还不算家喻户晓的科技公司英伟达浮出水面，一跃成为龙头老大，市值也不断飙升，进入全球市值最高的十大企业行列。英伟达公司需要一位对亚太地区特别是中国市场充分了解、有丰富市场拓展经验、了解政府政策、有市场影响力的领军型人物，我的背景引起了英伟达公司极大的兴趣。英伟达公司找到了我，跟首席执行官黄仁勋和公司高管一番交流后，我决定离开苹果公司，听从前沿科技带来的内心召唤，去追随日益高涨的科技潮流。

而正是这个时候，一个偶然的机会，让我遇到了天九（全称天九共享控股集团有限公司）。天九是一家迅速崛起的中国民营企业，它"为创新企业加速，帮传统企业转型"的独特平台化的商业模式引起了我浓厚的兴趣。我特别愿意"勇立潮头"，在充分了解了公司的管理团队和业务情况后，我欣然接受了公司的邀请。2019 年 4 月，我正式加入天九，立志为中国的创新企业腾飞服务，为中国的传统企业转型服务。

为了让我深度了解公司，公司创始人卢俊卿主席"三顾茅庐"，这份执着和诚意也深深感动了我。我的想法是，现在中国经济飞跃式发展，在我服务世界顶级科技企业 25 年、积累了世界一流企业的管理经验后，更应该多关注国内的民企，帮助他们拥有全球视野，快速成长，走向世界，未来跻身世界 500 强行列。天九公司有成为世界顶级企业的业务模式和基因。我希望通过自己和团队的努力，先把这家公司打造成上市公司，扩大品牌影响力，提升行业影响力，利用科技手段，进一步搭建好平台，再全面实施全球化战略，让中国优秀的创新企业走出去，把国外优质的项目引进来，与各地企业家携手合作，实现共创、共享和共赢。这份工作非常有挑战性，对我来说，也是一个全新的领域，非常有意义。

　　为了创造更多的价值，我一直都在努力，为梦想而努力。特别是在新冠肺炎疫情期间，很多公司经营都受到了严重冲击，但我们积极开拓和创新，非但没有被新冠肺炎疫情击垮，反而在逆境中站得更加稳定了。我坚信，我们的未来一定会非常美好。

（八）戈凯汝的自白

艺术引领我自由成长

戈凯汝

题记：这是戈凯汝中学毕业时写下的一段自白，告诉我们她成长的心路历程。由此，向我们呈现了一个花季少女对学习和生活的态度。

在我童年的记忆里，最美好的事情就是涂鸦！

在加拿大的生活经历中，妈妈车里的儿童椅承载了我多彩的童年时光。无论晴空万里，还是风雪交加，我们总是一路向前！两旁还有美丽的风光可以欣赏。而一系列的课外学习，英文、中文、法文、数学、拼音、钢琴、话剧、芭蕾、踢踏舞、游泳、滑冰、滑雪、网球、高尔夫……北美的各个课堂留下了我的成长足迹！

平日妈妈还经常会带我去大型文具店 Staple，那是我最喜欢去的地方。我会在那里搜寻自己喜欢的彩笔，挑选色彩丰富的颜料，翻找各类可以涂鸦的本子。一旦拿到材料，我就迫不及待地拆开纸笔的包装，坐在车里一口气就涂鸦完了。妈妈为此经常怪我：怎么刚刚付完钱买的本子，一会儿就用完了？

无论是在学校，还是在家，画画都是我最大的爱好，老师总夸我画得好，其实我并没有在画画上下太多功夫！那些作品都是我发自内心的表达。

4年级时我回到了上海，就读于西华国际学校，期间对艺术课程非常投入和专一。我参加了多项跟艺术相关的活动，创作也慢慢开始植入了自己的概念和观点，作品开始有了内涵！

有一天，学校有位老师居然跑过来问我，可否把我的那幅挂在学校走廊墙上的作品卖给她。那是我最满意的作品，我想好好保存下来，不想卖掉。我摇摇头，没有答应老师。

妈妈得知后跟我说：任何作品只有得到别人的欣赏和认可，才能体现它的价值。老师想购买你的作品至少是对你作品的肯定，是件非常好的事情……但我仍然舍不得卖掉自己喜欢的画。9年级我考入上海美国学校，制订了一个能让自己蜕变的IB学习计划，高强度下的体验和实践伴我走过了漫长的4年。我用认真的态度去对待每一门学科，细致而刻苦，尤其是在艺术专业上，我想做到最好，不留任何遗憾。

高中毕业典礼时，学校给我颁发了唯一的一个"艺术学术优异奖"，这让我感到非常惊喜。奖项是我用无数个日日夜夜的努力换来的，而获奖也进一步坚定了我在艺术道路上继续探索前行的信心！

我非常感恩艺术老师对我的"宠爱"，不过，这份"宠爱"也是用我的固执和坚持换来的！

一次心理学课上，老师把我的画作展示出来作为教学材料，课后，老师反复提出要买我的这幅作品，因为作品的画面构思表达非常符合课程的需要，我猜想这可能是因为我的心理学常考100 分的缘由吧！我还是没有把这幅画出售，因为它见证了我中学学得最好的一门课的过程。

8 年级的时候，我还不太明白怎么去面对学习上错综复杂的挑战；但是，经过 4 年的历练，面对即将到来的 4 年大学生活，我反而感到非常从容了。

回顾 12 年的学习经历，我要感谢学校老师的培养，感谢同学的友爱互助，感谢父母的默默支持和鼓励！送一句座右铭激励未来的自己：

天赋是创作的基础，执着是追求的魔杖！

（九）戈凯汝简历

◎ 简介

• 在加拿大温哥华、中国香港、上海和美国加州等地接受教育，以英语和普通话为第一语言

• 以优秀成绩毕业于美国萨凡纳艺术与设计学院（Savannah College of Art and Design, 简称"SCAD"），获得插画艺术专业本科学位（BFA），成绩平均绩点（GPA）4.0，每年获得院长奖学金

• 获得多个"国际设计奖"（IDA）和应用艺术奖（Applied Arts Awards）

• 拥有加拿大皇家音乐学院（The Royal Conservatory of Music）10级钢琴、乐理和音乐历史证书

◎ 教育背景

萨凡纳艺术与设计学院（SCAD）(2018—2021)

本科 插画专业

最优等生称号（Summa Cum Laude）

成绩平均绩点（GPA）4.0

学院成就奖学金（SCAD Achievement Award）2018，2019，2020，2021

学院本科奖学金（SCAD UG Award）2018，2019，2020，2021

院长优等生名录（Dean's List）2018，2019，2020，2021

芝加哥艺术学院 进修教育（2017 夏季）

材料实验艺术课程 学科证书

加州艺术学院 大学预科班（2016 夏季）

素描和绘画课程 学科证书

上海美国学校（2014—2018）

国际文凭（IB）课程，其中艺术学科获得 7 分（满分）

学校视觉艺术学术杰出奖 2017，2018

加拿大皇家音乐学院 (2004—2021)

10 级钢琴一等荣誉学位 2021

10 级乐理和音乐历史一等荣誉学位 2021

◎ 获奖、荣誉

• 美国 3×3 国际插画大赛优异奖 2022

• 国际应用艺术学生奖 2022

• 国际设计奖 2021 (1 项铜奖、3 项荣誉奖)

• 红点 2022, 传达艺术 2022 (个人一幅作品被 SCAD 分别提名)

• 红点 2021, The Rookies 设计大赛，应用艺术奖 2021 (个人

两幅作品被 SCAD 提名)

· SCAD 院长优等生名录 2018, 2019, 2020, 2021

· SCAD 学院成就奖学金和 SCAD 学院本科奖学金 2018,
2019，2020，2021

· 上海美国学校学校视觉艺术学术杰出奖 2017，2018

· 加拿大皇家音乐学院 10 级钢琴一等荣誉学位 2021, 10 级
乐理和音乐历史一等荣誉学位 2021

◎ **社会活动**

国际学校周末辅导班

周末辅导农民工子弟视觉艺术和英语，为他们进入正规学校
打好基础

TEDx 设计师

发起和规划 TEDx 活动，设计邀请海报和函件，并负责活动摄影

美国国家高中艺术荣誉生协会（NAHS）

提出了艺术项目的创新点子，并设计了海报、明信片和壁画

◎ **技能**

· 传统艺术绘画（插画、彩画）

· Photoshop, Illustrator, After Effects, InDesign, Procreate 等软件

· 英语、普通话